LE
COMTE
DE
SALLENAUVE

PAR

H. DE BALZAC

AUTEUR DE

Le Député d'Arcis, Madame de la Chanterie, l'Initié, Scènes de la Vie Parisienne (LES PETITS
BOURGEOIS), Scènes de la Vie de Campagne (LES PAYSANS), Splendeurs et Misères
d'une Courtisanne, un Début dans la Vie, David Séchard, etc , etc.

Terminé par M. Ch. RABOU

III

PARIS

L. DE POTTER, LIBRAIRE-ÉDITEUR

RUE SAINT-JACQUES, 38.

LE
COMTE DE SALLENAUVE

NOUVEAUTÉS EN LECTURE

DANS TOUS LES CABINETS LITTÉRAIRES

Les Amours d'Espérance, par AUGUSTE MAQUET, collaborateur d'ALEXANDRE DUMAS. 5 vol. in-8.
La Tombe-Issoire, par ÉLIE BERTHET. 4 vol. in-8.
Le Comte de Sallenauve, par H. DE BALZAC. 5 vol. in-8.
Les Amours de Vénus, par XAVIER DE MONTÉPIN. 4 vol. in-8.
La Dernière Favorite, par madame la comtesse DASH. 3 v. in-8.
Robert le Ressuscité, par MOLÉ-GENTILHOMME. 4 vol. in-8.
Les Tonnes d'Or, par le vicomte PONSON DU TERRAIL, auteur de la *Tour des Gerfauts*, les *Coulisses du monde*, etc., etc. 3 vol. in-8.
Les Libertins, par EUGÈNE DE MIRECOURT, auteur des *Confessions de Marion Delorme*, etc., etc. 2 vol. in-8.
La Famille Beauvisage, par H. DE BALZAC. 4 vol. in-8.
Un Roué du Directoire, par EUGÈNE DE MIRECOURT. 2 vol. in-8.
Le Député d'Arcis, par H. DE BALZAC. 4 vol. in-8.
Mercédès, par Madame la comtesse DASH. 3 vol. in-8.
Blanche de Savenières, par MOLÉ-GENTILHOMME. 4 vol. in-8.
La Fille de l'Aveugle, par EMMANUEL GONZALÈS. 3 vol. in-8.
Le Château de La Renardière, par MARIE AYCARD. 4 vol. in-8.
Les Catacombes de Paris, par ÉLIE BERTHET. 4 vol. in-8.
La Tour des Gerfauts, par le vic. PONSON DU TERRAIL. 5 v. in-8.
La Belle Gabrielle, par AUGUSTE MAQUET, 5 vol. in-8.
La dernière Fleur d'une Couronne, par madame la comtesse DASH. 3 vol. in-8.
L'Initié, par H. DE BALZAC. 2 vol. in-8.
Laurence de Montmeylian, par MOLÉ-GENTILHOMME. 5 vol. in-8.
Le Garde-chasse, par ÉLIE BERTHET. 3 vol. in-8.
Le Beau Laurent, par P. DUPLESSIS, aut. des *Boucaniers*. 4 v. in-8.
La chute de Satan, par AUGUSTE MAQUET. 6 vol. in-8.
Rigobert le Rapin, par CHARLES DESLYS, auteur de *Mademoiselle Bouillabaisse*, la *Mère Rainette*, etc., etc. 4 vol. in-8.
Madame de la Chanterie, par H. DE BALZAC. 1 vol. in-8.
Le Guetteur de Cordouan, par PAUL FOUCHER. 3 vol. in-8.
La Chasse aux Cosaques, par GABRIEL FERRY, auteur du *Coureur des Bois*. 5 vol. in-8.
Le Comte de Lavernie, par AUGUSTE MAQUET. 4 vol. in-8.
Montbars l'Exterminateur, par PAUL DUPLESSIS. 5 vol. in-8.
Un Homme de génie, par madame la comtesse DASH. 3 vol. in-8.
Le Garçon de Banque, par ÉLIE BERTHET. 2 vol. in-8.
Les Lorettes vengées, par HENRY DE KOCK. 3 vol. in-8.
Roquevert l'Arquebusier, par MOLÉ-GENTILHOMME. 4 vol. in-8.
Mademoiselle Bouillabaisse, par CH. DESLYS. 3 vol. in-8.
Le Chasseur d'Hommes, par EMMANUEL GONZALÈS. 2 vol. in-8.

Imprimerie de GUSTAVE GRATIOT, 30, rue Mazarine.

LE
COMTE
DE
SALLENAUVE

PAR

H. DE BALZAC
AUTEUR DE

Le Député d'Arcis, Madame de la Chanterie, l'Initié, Scènes de la Vie Parisienne (Les Petits Bourgeois), Scènes de la Vie de Campagne (Les Paysans), Splendeurs et Misères d'une Courtisanne, un Début dans la Vie, David Séchard, etc., etc.

Terminé par M. Ch. Rabou

III

Avis. — Vu les traités internationaux relatifs à la propriété littéraire, on ne peut réimprimer ni traduire cet ouvrage à l'étranger, sans l'autorisation de l'auteur et de l'éditeur du roman.

PARIS

L. DE POTTER, LIBRAIRE-ÉDITEUR

RUE SAINT-JACQUES, 38.

CHAPITRE PREMIER

I

Histoire ancienne (suite).

Au bout de quelques instants M. le président agite sa sonnette.

LES HUISSIERS. — En place, messieurs !

De toutes parts, MM. les députés s'empressent de reprendre leurs places.

M. LE PRÉSIDENT. — La parole est à M. de Sallenauve.

M. de Sallenauve, qui depuis le moment où la séance a été suspendue par son entrée dans la salle, a causé avec MM. d'Arthez et Canalis, paraît à la tribune. Son attitude est modeste, mais n'accuse aucun embarras. Tout le monde est frappé de son air de ressemblance avec les portraits d'un des plus fougueux orateurs révolutionnaires,

UNE VOIX. — C'est Danton, moins la petite vérole.

M. DE SALLENAUVE. (Profond silence.)

Messieurs, je ne me fais aucune illusion sur ma valeur parlementaire et ne tiens pas pour dirigée contre ma personne une persécution qui, selon toute apparence, s'adresse bien plutôt à l'opinion que j'ai l'honneur de représenter.

Quoiqu'il en soit, mon élection semble avoir été pour le ministère un événement de quelque importance. Pour la combattre, un agent spécial, des journalistes spéciaux, avaient été envoyés à Arcis, et, coupable d'avoir contribué à son succès, un humble employé à quinze cents francs d'appointements, après vingt ans de services honorables, s'est vu brusquement révoqué de ses fonctions. (Violents murmures au centre.)

LE COMTE

Je ne puis que remercier les honorables interrupteurs, car je dois supposer que leur bruyante improbation porte sur l'étrangeté de cette destitution, et non sur la réalité du fait lui-même qui ne saurait être mis en doute. (Rires à gauche.)

Quant à moi, messieurs, qu'on ne pouvait destituer, on m'a attaqué avec une autre arme, et une calomnie judiciaire, combinée de mon heureuse absence...

M. LE MINISTRE DES TRAVAUX PUBLICS. — C'est évident ; le ministère vous a fait déporter en Angleterre ?

M. DE SALLENAUVE. — Non, monsieur

le ministre, je n'attribue ni à votre influence, ni à vos suggestions mon absence, qui commandée par un impérieux devoir n'a été le résultat d'aucune autre inspiration ; mais pour ce qui est de la part que vous avez pu prendre à la dénonciation portée contre moi, je vais dire les faits, et la Chambre appréciera. (Mouvement d'attention.)

La loi, qui, pour protéger l'indépendance du député, a décidé que jamais une poursuite criminelle ne pourrait être dirigée contre un membre de la représentation nationale sans une autorisation préable de la Chambre, a été, il faut le dire, retournée contre moi avec une rare habileté.

Déposée au parquet du procureur du roi, la plainte dont je suis l'objet n'y eût pas été admise ; car elle se présente nue et sans l'entourage d'aucune espèce de preuves, et je ne sache pas que le ministère public soit dans l'usage de poursuivre sur l'allégation gratuite du premier venu. Il faut donc admirer la rare prestesse d'esprit qui a compris qu'en s'adressant à vous on avait tout le bénéfice d'une accusation politique là où ne se rencontraient pas même des éléments d'un simple procès. (Mouvement.)

Maintenant, à quel habile tacticien parlementaire faut-il reporter l'honneur de cette invention? Vous le savez, messieurs, c'est à une femme, à une femme de campagne, qui prend l'humble titre de manouvrière ; d'où la conclusion que chez les paysannes champenoises se rencontrerait une supériorité intellectuelle dont, jusqu'ici, assurément, vous ne vous étiez pas fait une idée. (On rit.)

Il est vrai de dire cependant qu'avant de se mettre en route pour déposer sa plainte, ma dénonciatrice paraît avoir eu avec M. le maire d'Arcis, mon concurrent ministériel dans l'élection, une conférence où elle a pu puiser quelques lumières ; à quoi il faut ajouter que ce magistrat prenait sans doute au procès qui allait m'être intenté un certain intérêt, puisqu'il a cru devoir faire les frais du voyage de la demanderesse et d'un praticien du village dont elle se présente accompagnée. (A gauche : Ah! ah!)

Cette femme supérieure arrivée à Paris, avec qui se met-elle d'abord en rapport? Justement avec M. l'agent spécial envoyé par le gouvernement à Arcis pour assurer le succès de l'élection dans le sens ministériel ; et qui se charge de rédiger la demande en autorisation? Non pas précisément M. l'agent spécial, mais un avocat, sous son inspiration, et à la suite d'un déjeûner où la paysanne et son conseiller rural ont été conviés pour fournir les indications nécessaires. (Mouvement. Longue agitation.)

M. LE MINISTRE DES TRAVAUX PUBLICS, de sa place. — Sans discuter la vérité des faits, dont je n'ai personnellement aucune connaissance, j'affirme sur l'honneur que le gouvernement est resté étranger à toutes les menées qui vous sont signalées, et il les blâme et les désavoue de la manière la plus expresse.

M. DE SALLENAUVE. — Après cette déclaration si formelle que je viens d'avoir le bonheur de provoquer, j'aurais mauvaise grâce, je le sens, messieurs, à insister pour faire remonter jusqu'au gouvernement la responsabilité de cette intrigue ; mais mon erreur vous paraîtra peut-être naturelle quand vous vous rappellerez qu'au moment où je suis entré dans cette enceinte, M. le ministre des travaux publics était à la tribune, se mêlant de la manière la plus imprévue à une discussion de discipline tout intérieure, et tâchant de vous persuader que je m'étais conduit à votre égard de la façon la plus irrévérencieuse.

M. LE MINISTRE DES TRAVAUX PUBLICS prononce quelques paroles qui ne parviennent pas jusqu'à nous. (Longue rumeur.)

M. VICTORIN HULOT. — Monsieur le président, veuillez engager le ministre à ne pas interrompre. Il répondra.

M. DE SALLENAUVE. — Selon M. le

comte de Rastignac, j'aurais essentielle-
ment manqué à la Chambre en lui adressant de l'étranger la demande d'un congé
dont j'aurais ainsi commencé à me mettre en possession avant d'avoir reçu l'a-
grément que je me donnais l'air de solli-
citer. Mais, dans son extrême désir de
me trouver en faute, M. le ministre a
perdu de vue qu'au moment où je me
mettais en route la session n'était pas
ouverte, et qu'en adressant alors ma demande à M. le président de l'Assemblée,
je l'eusse adressée à une pure abstraction
(A gauche : C'est juste!) Quant à l'insuf-
fisance des motifs donnés à l'appui de
ma demande, j'ai le regret de dire à la
Chambre qu'il m'était interdit d'être plus
explicite, et qu'en lui révélant la cause

vraie de mon absence, j'eusse disposé d'un secret qui n'était pas le mien ; je ne me suis pas, du reste, dissimulé que, par cette réticence, dans laquelle je suis encore obligé de persister aujourd'hui, j'exposais mon procédé aux interprétations les plus étranges et qu'il fallait même m'attendre à voir, dans les explications officieuses qui essaieraient de se substituer aux miennes, le burlesque, quelquefois, se mêlant à l'odieux. (Mouvement.)

En réalité, je tenais si parfaitement à ne manquer à aucun des devoirs de ma situation, qu'en commun avec M. le ministre, j'avais eu le sentiment d'une

convenance par laquelle je me figurais
avoir tout sauvé. Comme moi, dépositaire
du secret qui me forçait à m'absenter, un
homme des plus honorables avait été
chargé par moi de cautionner auprès de
M. le président de l'Assemblée l'impérieuse nécessité à laquelle je sacrifiais.
Mais la calomnie ayant sans doute fait
de ce côté son travail, ce personnage honorable aura trouvé compromettant d'accorder à un homme placé sous la menace d'une poursuite criminelle la haute
garantie de son nom et de sa parole.
Bien qu'aujourd'hui le danger paraisse
s'être éloigné de moi, je ne trahirai pas
le prudent incognito dont il a jugé convenable et utile d'entourer son mandat.
Plus j'étais loin de m'attendre à ce calcul

de personnalité, plus j'ai le droit d'en être étonné et douloureusement ému, plus aussi j'aurai soin que cette défaillance de l'amitié reste entre moi et sa conscience, qui seule lui parlera en mon nom.

En ce moment un grand mouvement se fait dans la tribune réservée à MM. les membres de la pairie ; on s'empresse autour d'une dame qui vient d'être prise d'une violente attaque de nerfs. Un grand nombre de députés se portent vers la tribune où se passe cette scène. Quelques-uns même, sans doute des médecins, sortent précipitamment de la salle. La séance est momentanément suspendue.

LE PRÉSIDENT. — Huissiers, faites ouvrir les ventilateurs. C'est le défaut d'air qui a amené ce regrettable accident. Monsieur de Sallenauve, veuillez reprendre votre discours.

M. DE SALLENAUVE. — En deux mots, messieurs, je me résume. La demande en autorisation dont vous avez été saisis, a sans doute perdu, aux yeux de mes collègues, même les moins bienveillants, beaucoup de sa valeur. J'ai là une lettre par laquelle la paysanne champenoise, ma parente, en retirant sa plainte, confirme toutes les explications que j'ai eu l'honneur de vous donner. Je pourrais lire cette lettre, mais je trouve plus convenable de la déposer entre les mains de M. le président (Très bien! très bien!). Pour ce qui est de mon absence illégale, j'étais ce matin de retour à Paris et j'aurais pu, en assistant au commencement de la séance, être à mon poste parlementaire dans les limites rigoureuses du congé que la Chambre avait bien voulu m'accorder; mais, ainsi que vous l'a dit M. de Canalis, j'avais à cœur de ne pas paraître dans cette enceinte tant que le nuage élevé autour de ma considération n'aurait pas été dissipé. C'est à ce travail qu'a été employée ma matinée. Maintenant, messieurs, vous avez à décider si, pour quelques heures de retard à venir occuper son siége dans cette Chambre, un de vos collègues doit être renvoyé devant les électeurs. Après tout, soit qu'on se décide à voir en moi, un faussaire, un amoureux éperdu, ou simplement un député négligent, je ne crois pas avoir à m'inquiéter de leur verdict, et, après un délai de quelques semaines, un résultat me paraît probable, c'est que je vous reviendrai.

De toute part. — Aux voix! aux voix!

En descendant de la tribune, M. de Sallenauve reçoit de nombreuses félicitations.

M. LE PRÉSIDENT : Je mets aux voix la validité de l'élection de M. de Sallenauve, nommé par l'arrondissement d'Arcis.

La Chambre presque tout entière se lève pour l'admission; quelques députés du centre s'abstiennent seuls de prendre part à l'épreuve.

M. de Sallenauve est admis et prête serment.

M. LE PRÉSIDENT. — L'ordre du jour appelait la lecture du projet d'adresse, mais M. le président de la commission me fait savoir que le projet ne pourra pas être communiqué à la Chambre avant demain. Rien n'étant plus à l'ordre du jour, je leve la séance.

La séance est levée à quatre heures et demie.

CHAPITRE DEUXIÈME

II

La salle des Pas-Perdus.

Le palais de la Chambre des députés a emprunté au Palais-de-Justice cette dénomination pour une de ses salles les plus fréquentées.

Les solliciteurs de bureaux de poste, de tabac, de papier timbré, de perceptions, de justices de paix et autre menue monnaie des transactions électorales y remplacent les solliciteurs de procès.

Inviolables au public, l'enceinte de la Chambre et ses dépendances communiquent par cette salle avec le monde extérieur; c'est là que le Paradis représentatif a son entrée.

Veillant sans cesse à cette porte, mais sans une épée flamboyante, un garçon de service, vêtu de la livrée de la Chambre, en ouvre le battant à tout député qui entre ou qui sort, et se charge de faire passer dans l'intérieur du Saint-des-Saints, les suppliques par lesquelles les simples mortels demandent aux divinités parlementaires de descendre sur la terre pour venir communiquer avec eux.

Des tables, du papier, de l'encre et des plumes, sont disposés pour la rédaction de ces humbles requêtes ; à ces mêmes tables, une classe particulière de journalistes, les fournisseurs *de bruits de chambre*, qu'il ne faut pas confondre avec les rédacteurs des séances, les entrepreneurs de correspondances pour la province et pour l'étranger ont une espèce d'installation provisoire que les questeurs, de temps à autre, essaient bien d'inquiéter, mais qui, ébranchée, reverdit toujours, comme tous les abus.

Celui-ci fait les affaires de l'immense majorité des députés qui n'osent pas aborder les grandes luttes de la tribune. Au moyen de cette presse et de cette publicité marrones, ils ont un moyen de faire savoir à leurs électeurs ce qu'ils ont dit en déshabillé dans les bureaux, et la part qu'ils ont prise à tel vote ou à tel coup de parti.

Dans cette salle où se fait sans cesse un va-et-vient immense, il n'est pas rare de voir les princes de la tribune, accourus à la voix du plus humble de leurs électeurs, dont souvent l'ambition ne va pas au-delà de la délivrance d'une carte d'entrée pour assister à la séance; là aussi, les meneurs de la stratégie parlementaire viennent s'entendre avec les rédacteurs politiques des journaux, auxquels ils donnent leurs instructions sur la manière dont doit être conduite la polémique dans certaines questions délicates.

Enfin, comme parallèlement à la porte du couloir conduisant à la salle de l'Assemblée, existe une entrée qui mène aux tribunes réservées, quand finissent les séances, pour un moment la salle des Pas-Perdus prend l'aspect du vestibule de l'Opéra ou du Théâtre-Italien à l'heure de la sortie.

Venue pour assister aux tournois parlementaires, une foule de femmes élégantes fait la haie pour voir de plus près les orateurs célèbres. A un certain air d'être là chez elles, et à la manière dont elles sont saluées ou abordées par les notabilités de chaque opinion, se reconnaissent facilement les femmes politiques. Plus heureux que les comédiens qui ne peuvent prétendre qu'à des enthousiasmes secrets, les jeunes premiers et les ténors du grand théâtre constitutionnel viennent recevoir à bout portant les félicitations de ces bas-bleus parlementaires qu'un journaliste de mauvaise humeur s'avisa un jour d'appeler les *tricoteuses de la monarchie.*

Le lion du jour, pour elles, c'était Sal-

lenauve; non pas que dans sa défense
il eût eu l'occasion de s'élever à une
grande hauteur d'éloquence; le fait seul
de son retour avait si bien renversé le
frêle échafaudage de l'accusation dirigée
contre lui, que de grands efforts ora-
toires eussent été déplacés là où de simples explications devenaient à peine nécessaires. Toutefois, le complot évident
dont il avait été l'objet, avait appelé sur
lui l'intérêt, et comme il avait parlé
avec esprit, mesure et dignité, de nombreuses sympathies avaient accueilli son
discours. Les bons juges remarquaient
qu'il s'était très heureusement défendu
d'un entraînement auquel n'échappent
presque jamais les débutants, celui de
vouloir produire de l'effet. Ayant su

prendre le milieu entre la timidité émue qui paralyse les moyens et l'aplomb outrecuidant qui suppose l'excès de l'assurance, de l'aveu de chacun, il avait su empreindre son improvisation d'un mérite qui n'est pas toujours dominant, même chez les orateurs consommés, à savoir celui de la convenance, et un bel avenir oratoire semblait promis à un homme qui, dès le premier pas, avait su ainsi mesurer son élan et proportionner à une situation donnée la hauteur de son vol.

Au moment où Sallenauve parut dans la salle dont nous venons d'esquisser la physionomie, un grand mouvement de curiosité se fit autour de lui. Il était accompagné de Daniel d'Arthez et de Canalis, qui, tous deux, avaient soutenu la validité de son élection. Se séparant d'eux un moment, il s'approcha avec vivacité d'un homme d'assez piètre aspect qui semblait le guetter au passage, et auquel il donna une chaleureuse poignée de main ; ensuite, il présenta ce même homme à ses deux collègues, qui ne parurent pas lui faire un accueil moins distingué.

Cette singularité fût bientôt expliquée par un journaliste, qui, dans l'inconnu, devina cet employé à quinze cents francs d'appointements, dont Sallenauve avait reproché la destitution au ministère ; en sa qualité de victime d'une mesure violente et arbitraire, Jacques Bricheteau eut aussi sa minute de popularité, et l'on sut à Sallenauve un gré infini d'un courage assez peu commun, celui de reconnaître partout et toujours ses amis.

Mais, à toute ovation, pour qu'elle soit complète, il faut son insulteur, et tout à coup, d'un groupe composé de trois femmes à tournure provinciale, près desquelles le procureur-général Vinet s'était arrêté avec de grandes démonstrations d'amitié et de respect, se détacha un personnage qui ne paraissait pas animé pour Sallenauve de sentiments à beaucoup près aussi bienveillants.

— Monsieur, dit-il au député en l'abordant, sans même porter la main à son chapeau, je trouve singulier que vous vous soyez permis de mêler mon nom à vos explications de tribune ?

— Vous êtes monsieur Maxime de Trailles ? demanda Sallenauve.

— Oui, monsieur, et vous le savez bien, répondit Maxime.

— Eh bien ! monsieur, dans les explications que j'ai eu l'honneur de donner à la Chambre, je n'ai pas prononcé votre nom.

— Mais vous m'avez désigné d'une

manière qui ne permet pas l'équivoque. Il faut avoir le courage de son insolence.

— Je vois, monsieur, répondit Sallenauve, que vous pratiquez religieusement vos théories, mais j'aurai l'honneur de vous faire observer que le lieu est mal choisi pour une explication.

— Au contraire, reprit Maxime en élevant la voix de manière à faire esclandre, celui-ci m'a paru parfaitement convenable; votre insulte a été publique, c'est aussi publiquement que j'ai entendu vous demander raison.

— Monsieur, j'ai parlé de vous et ne vous ai point insulté ; j'ai dit que vous aviez été, à Arcis, l'agent spécial du gouvernement, et la justesse de cette qualification est mise hors de doute par la manière dont vous vous êtes présenté chez M. le sous-préfet, porteur d'instructions confidentielles qui mettaient en vos mains toute la direction des affaires électorales de cet arrondissement.

Comme Maxime faisait mine de l'interrompre :

— Permettez, continua Sallenauve, j'ai ajouté, le tenant de la femme dont vous aviez essayé de faire un instrument que vous aviez été l'inspirateur de la dénonciation portée contre moi en mon absence. Si, en mentionnant vos faits et gestes, on vous insulte, cela doit tenir, monsieur, à la nature même de vos actions et non à la manière dont elles sont présentées.

— Monsieur, répliqua Maxime, je ne me laisse pas payer de faux-fuyants, vous avez compté que la tribune était un lieu de diffamation privilégiée...

— Vous vous trompez, monsieur; j'ai cru que la tribune était un lieu de liberté honnête et de défense légitime, et, décidé que je suis à faire respecter en ma personne ses franchises, je vous engage à ne pas insister.

— Ainsi, vous entendez décliner toute réparation ?

— Absolument ; je ne vous en dois aucune, et je n'ai pas l'intention de laisser établir sur les paroles que je puis être appelé à prononcer dans l'enceinte parlementaire, l'espèce de censure à laquelle vous prétendez.

— Prenez garde, monsieur, que l'invocation de certains priviléges peut ressembler beaucoup à un sentiment que j'appellerai honnêtement de la prudence.

— Allons donc, peur de vous ! dit Jacques Bricheteau en prenant la parole, M. de Sallenauve a fait ses preuves.

— Vous, mon cher, répliqua Maxime, en toisant l'organiste d'un air de mépris, je ne vous parle pas et je vous engage à ne pas vous mêler là où vous n'avez que faire.

Jacques Bricheteau tira sa montre, et après avoir regardé l'heure :

— Monsieur le comte, dit-il, nous

sommes dans les grands jours ; à la fin de mai, le soleil ne se couche pas avant huit heures ; il en est quatre et demie, vous avez donc trois grandes heures à être poli avec moi si vous ne voulez pas être emballé pour Clichy au sortir du palais de la Chambre.

— Qu'est-ce à dire ? fit Maxime, visiblement ému, tout en voulant garder son assurance.

— Oui, monsieur, reprit l'organiste, j'ai aussi mes petits coups fourrés ; je me doutais que vous viendriez aujourd'hui pour jouir de votre ouvrage, et dans le cas où votre intrigue contre mon ami aurait réussi, j'avais arrangé que vous seriez arrêté en sortant d'ici.

— Je vous fais compliment, monsieur, dit Maxime en s'adressant à Sallenauve avec une fureur concentrée, de la manière dont vous répondez à un appel de l'honneur.

Coupant la parole à Sallenauve qui voulait répondre, l'organiste répliqua :

— M. de Sallenauve est tout à fait étranger à cette ingénieuse combinaison, dont l'idée m'a été fournie par mademoiselle Chocardelle, une de vos anciennes amies. Je tiens d'elle que l'amortissement de MM. vos créanciers s'opère par ordre alphabétique. J'ai acheté dans le Z, pour un morceau de pain, la créance d'un pauvre diable qui n'avait pas l'espoir d'arriver en ordre utile, votre vie durant; l'affaire était en état et je n'ai eu qu'à la mettre entre les mains de MM. les gardes du commerce, qui, je vous le répète, sont placés en embuscade à toutes les issues; si donc vous voulez reconduire tranquillement les dames que vous avez amenées, je vous conseille de ne pas faire de bruit et de profiter de la clémence qu'en notre qualité de victorieux nous voulons bien avoir pour vous.

Comme Bricheteau finissait sa phrase,

vint à passer Rastignac, son portefeuille sous le bras. Il s'était attardé dans la salle des séances à causer avec quelques députés du centre. Voyant Maxime très rouge et aux prises avec Sallenauve, il devina que son agent avait fait quelque coup de sa tête, et, venant s'interposer, s'il en était temps encore :

— Qu'y a-t-il donc, messieurs, demanda-t-il, est ce que l'intervention d'un sergent de ville est ici nécessaire ? C'est un rôle auquel je ne dédaignerais pas de descendre avec des gens aussi honorables que vous.

— Monsieur, dit Maxime à Sallenauve,

en se voyant entouré d'un cercle de curieux où évidemment il n'avait pas les rieurs de son côté, j'espère vous revoir ailleurs. Puis se tournant vers Rastignac : Monsieur le ministre, quand pourrais-je avoir l'honneur d'être reçu par vous ?

— Quand vous serez plus sage, mon cher, répondit Rastignac, qui le désavouait pour la seconde fois de la journée.

Maxime s'éloigna au milieu des huées et suivi de la désapprobation générale; en voyant Jacques Bricheteau lui rire au nez, il eût l'instinct qu'il venait d'être la dupe d'une bourde spirituellement improvisée. Après avoir rejoint les dames dont il était le cavalier, il sortit avec elles de la salle, ne laissant pas toutefois d'être sourdement travaillé d'une certaine inquiétude jusqu'au moment où il eut dépassé la grille qui ouvre en face du pont de la Concorde. Là, il jeta autour de lui un regard furtif, et, comme rien de menaçant ne lui apparut, il respira.

S'apercevant que quelques indiscrets restaient encore à portée de l'entendre :

— Messieurs, fit Rastignac avec hauteur, je ne suis pas comme M. de Trailles, je ne suis pas pour la galerie.

Et, reprenant avec les trois députés la conversation commencée.

— Ce fou de Maxime, dit-il à Sallenauve, vous a sans doute adressé une provocation ?

— Oui, monsieur le ministre, et je l'ai déclinée comme je déclinerai toutes celles qui viendront de lui à l'occasion de cette affaire ; je saurai faire respecter en moi l'inviolabilité du député et la liberté de la tribune.

— Vous avez vu, cher monsieur, qu'à cette tribune je l'ai formellement désavoué, tout aussi bien que le colonel Franchessini.

— Sans doute, dit Canalis ; mais, pour la considération du pouvoir, il eût été désirable que ce désaveu ne fût pas précédé d'un discours où, dans une question qui, vous l'avez déclaré vous-même, n'avait rien de ministériel, vous avez fait tous vos efforts pour aggraver la position de notre honorable ami.

— Monsieur de Canalis, dit Rastignac, ne vous est-il jamais arrivé dans votre vie d'être entraîné par une occasion?

— Je ne dis pas cela, et comme tout le monde j'ai fait mes fautes.

— Eh bien ! je vous dirai que j'avais eu avec monsieur une conversation politique dans laquelle je l'avais jugé un dangereux adversaire; une porte paraissait ouverte pour le pousser dehors, et j'ai joué le jeu qui était d'écarter un rude jouteur.

— Ma modestie, monsieur le ministre, repartit Sallenauve, ne me permet pas de tenir pour sérieuses les terreurs que j'aurais eu l'honneur de vous inspirer. Veuillez, d'ailleurs, vous rappeler que dans la conversation à laquelle vous faisiez tout à l'heure allusion, nous nous étions promis de nous combattre à armes courtoises.

— Enfin, monsieur, dit Rastignac, j'ai fait fausse route, et c'est parce que j'avais le sentiment d'une faute commise que je me suis empressé tout à l'heure d'intervenir, en voyant M. de Trailles occupé encore à nous compromettre.

— Aussi, monsieur le ministre, dit d'Arthez, pourquoi employer des instruments pareils ?

— Pour mille raisons : parce que, s'ils

sont compromettants, ils ont aussi l'avantage d'être commodes ; parce qu'ils viennent s'offrir ; parce que même, quelquefois, ils s'imposent. Je voudrais bien, monsieur, vous voir un peu aux affaires, vous y apprendriez beaucoup de nécessités douloureuses et en sortiriez peut-être un peu plus indulgent.

— J'ai passé par le pouvoir, répondit Canalis, et n'ai point à me reprocher d'avoir jamais accepté le concours d'aucun homme de cette trempe.

— C'est à merveille, dit Rastignac, mais vous n'aviez pas une situation aussi passionnée que la nôtre ; vous n'étiez pas en présence d'une monstrueuse coalition de tous les partis.

— Quand on a tant de monde contre soi, dit Jacques Bricheteau, il y a beaucoup à parier qu'on n'a pas la raison de son côté.

— Vous dites, monsieur? dit Rastignac, en se tournant avec dédain du côté de Bricheteau.

Son extérieur négligé venait de produire son effet accoutumé.

— Je dis, reprit l'organiste, sans se

laisser intimider par cette interrogation méprisante, qui signifiait : Je vous trouve bien osé de vous mêler à la conversation ; que les gouvernements assez mal chanceux pour ameuter ce que vous venez d'appeler des coalitions monstrueuses, sont évidemment sur une pente funeste. Pour être parvenus à centraliser sur eux-mêmes les haines que les partis se portent naturellement entre eux, il faut qu'ils pèsent bien lourdement sur tout le monde, et un pouvoir que tout le monde porte sur ses épaules se trouve par terre un beau matin.

— Vous êtes un homme d'esprit, monsieur, répliqua Rastignac, et en vous voyant dans la compagnie de ces messieurs, que j'ai l'honneur de connaître tous, je ne serai pas, je pense, indiscret en vous demandant à qui j'ai l'honneur de parler?

— Jacques Bricheteau, organiste de l'église Saint-Louis-en-l'Ile, ex-employé de la salubrité.

— Ah! c'est vous, monsieur, contre lequel nous avons été obligés de sévir! Mais pourquoi aussi ne pas vous en tenir à votre orgue et aux fonctions non politiques dans lesquelles vous vous renfermiez modestement depuis vingt ans?

— Le balayage, l'enlèvement des or-

dures, des fonctions non politiques ! s'é-
cria gaîment Jacques Bricheteau, c'est-
à-dire que nous serions les fonctionnai-
res les plus occupés du gouvernement si
l'on nous chargeait de toute la besogne
qui est à faire au lieu de nous employer
bêtement dans les rues.

Après avoir ri comme le reste de l'assistance, de cette saillie :

— Tout peu se réparer, monsieur,
dit Rastignac; vous êtes trop supérieur
aux fonctions dont nous nous sommes
crus, pour l'exemple, dans la nécessité
de vous déposséder, pour que vous ayez
à leur perte un grand regret; mais si

M. de Sallenauve consentait à ne pas voir dans cette justice une tentative de captation, je serais heureux de vous offrir quelque autre position plus en rapport avec l'intelligence dont votre conversation fait preuve.

— Les gouvernements, répondit Sallenauve, s'honoreront toujours en employant des hommes de la trempe de monsieur. Et dans la bienveillance que vous pourriez avoir pour lui, monsieur le ministre, je ne verrais qu'une de ces bonnes fortunes qui, de loin en loin, viennent chercher le talent et la probité modestes, comme pour interrompre la prescription de leurs droits.

— Eh bien ! mon cher, dit Rastignac, en reprenant son ton de ministre, pensez à quelque chose qui puisse vous convenir, et venez m'en parler ; moi-même, de mon côté, j'aurai peut-être eu une idée.

— Mon Dieu, monsieur le ministre, dit Jacques Bricheteau, si en fait de réparations vous pouviez m'en obtenir quelques-unes pour mon pauvre orgue de Saint-Louis-en-l'Ile ? La fabrique est sans le sou pour les faire, et le curé a beau adresser à M. le ministre des cultes pétitions sur pétitions...

— Mais cela n'est pas un dédommagement personnel, interrompit le ministre :

c'est pour vous que je désire faire quelque chose, et ne craignez pas d'engager ni votre conscience ni celle de M. de Sallenauve. Notre considération, il faut bien que je l'avoue, grâce à l'intervention de M. de Trailles, a été très compromise dans toute cette affaire, et en obtenant de vous que vous acceptiez une faveur, nous ne ferons que nous réhabiliter devant l'opinion.

Cela dit, Rastignac, suivant le procédé des hommes d'Etat qui, pour faire croire à des occupations énormes, affectent de couper à pic leur conversation, prit congé des trois députés qui, eux-mêmes, ne tardèrent pas à se séparer.

CHAPITRE TROISIÈME

III

Une pierre d'attente.

Deux heures plus tard, dînant avec Sallenauve au café Desmares, Jacques Bricheteau lui disait :

— Eh bien ! la journée a été bonne :

vos ennemis confondus, un début excellent à la tribune.

— Oui, dit le député, grâce à votre habileté à amortir cette paysanne ; mais comment avez-vous fait pour la déterrer dès notre arrivée ?

— L'hôtel où elle loge, répondit Jacques Bricheteau, est tenu par une femme d'Arcis : c'est là que prennent gîte, quand ils viennent à Paris, tous les *naturels* de l'endroit ; je n'ai donc pas été un grand sorcier en devinant que les Beauvisage avaient dû adresser leur instrument dans cette maison.

— Mais la séduction que si rapidement vous avez exercée sur elle ?

— Un billet de mille francs, que j'ai fait miroiter devant ses yeux et la promesse d'une pension de six cents livres, voilà tout le miracle. Il a été assez facile de faire comprendre à cette femme qu'une fois le mal qu'on voulait opéré, elle n'avait plus grand'chose à attendre des gens qui la mettaient en avant, et que, d'autre part, elle se brouillait irrémissiblement avec vous.

— Alors, c'est aussi dans cet hôtel qu'est descendue madame Beauvisage, que j'ai entrevue avec Maxime de Trailles, dans la salle des Pas-Perdus ?

— Oui, elle était arrivée hier matin. Comptant que l'annulation de votre élection serait prononcée aujourd'hui, elle venait s'entendre avec M. de Trailles, qui devait la conduire chez le ministre, où tout aurait été réglé pour faire triompher la candidature de son mari. Mais la chère dame, par ses habitudes de ladrerie, nous avait admirablement préparé les voies. Son premier soin, en débarquant, avait été de s'enquérir de la dépense faite par les gens auxquels elle avait ouvert un crédit, et comme elle trouva qu'ils se faisaient trop bien vivre, elle voulait immédiatement les réexpédier à Romilly, procédé qui les avait fort indisposés et était devenu pour eux une préparation excellente à écouter mes propositions.

— En cette occasion, comme dans toutes les autres, dit Sallenauve, vous avez été d'une dextérité rare; il n'y a qu'une chose que je regrette, c'est cet accident arrivé à madame de l'Estorade. J'ai peur que l'amertume de mes paroles n'ait pas été étrangère à sa pâmoison.

— Ces gens ont été pour vous si aimables! je vous conseille de les avoir en pitié.

— J'ai peine à croire, mon cher, que

madame de l'Estorade, dans la circonstance, ait pris parti contre moi. C'est une femme d'un caractère droit, et la veille du jour où vous l'avez vue, elle avait été si parfaitement bonne, que cette volte-face reste incompréhensible pour moi.

— C'est pourtant bien de sa bouche que j'ai recueilli les désobligeantes paroles que je vous ai rapportées. D'ailleurs, que venait-elle faire à cette séance où tout était disposé pour vous perdre si vous n'étiez arrivé à temps?

— Je ne puis convenablement, dit Sallenauve, envoyer prendre de ses nouvelles et encore moins me présenter chez elle, mais je puis voir les de Camps, qui peut-être m'expliqueront tout ce mystère.

D'ordinaire le journal ministériel du soir qu'à cause de son insignifiance et de l'heure toujours tardive de son apparition, un plaisant avait défini : « une *machine* du soir qui paraît le lendemain, » n'était pas distribué avant dix ou onze heures ; mais ce jour-là, comme la séance de la Chambre avait été levée plus tôt que de coutume, il parvint de bonne heure dans les lieux publics, et, au moment où les deux amis finissaient de dîner, il leur fut officieusement apporté par le garçon qui les servait, et qui leur demanda s'ils voulaient jeter dessus un coup d'œil.

Sallenauve chercha aussitôt le compte-rendu de la Chambre, et après s'être donné le plaisir de parcourir son discours, très exactement rendu, comme il n'avait point grand souci du reste, il passa le journal à Bricheteau.

Celui-ci, lisant plus à fond, ne tarda pas à faire une découverte.

— Tenez, dit-il, regrettez donc encore d'avoir un peu sévi contre vos chers amis les l'Estorade ! Et il donna lecture à Sallenauve de la lettre qui suit :

« Monsieur le rédacteur,

» Permettez-moi d'user de la voie de

votre estimable journal pour présenter au public, notre juge à tous, quelques explications qui me semblent indispensables et auxquelles on ne refusera pas, je pense, un mérite, celui d'être nettes et catégoriques dans leur brièveté.

» Je suis, monsieur, cet ami tiède et prudent que M. de Sallenauve a trouvé convenable de désigner dans son discours prononcé aujourd'hui à la Chambre des députés.

» Il est parfaitement vrai que M. de Sallenauve m'avait prié de vouloir bien cautionner auprès de M. le président de la Chambre la légitimité de l'absence dont il s'attendait à ce qu'il lui serait demandé compte.

» Il est également vrai qu'à cette absence je connaissais une excuse très spécieuse ; mais comme un autre motif beaucoup moins honorable frappait en même temps tous les yeux, dans le doute, suivant la maxime du sage, je me suis abstenu.

» En présence de certaines accusations, et jusqu'au moment où on les a repoussées tout à fait victorieusement, des relations, même plus anciennes que celles qui existaient entre moi et M. de Sallenauve, devraient renoncer à se montrer exigeantes ; j'ai pour ceux qui prétendent au titre de mon ami la susceptibilité que César avait pour sa femme, j'entends qu'ils ne soient pas même soupçonnés.

» Veuillez agréer, etc.

» COMTE DE L'ESTORADE.
» Pair de France »

Sallenauve prit le journal, relut attentivement cette violente déclaration de guerre et demanda au garçon du papier et une plume, puis se ravisant :

— Non, dit-il, la réponse à une pareille lettre ne se fait pas au pied levé; elle mérite réflexion : allons chez moi.

Après qu'il eut payé la carte, les deux amis sortirent, achetèrent, chemin faisant, un numéro du journal et se rendirent rue de l'Ouest.

En entrant dans son atelier, qu'il avait à peine entrevu depuis le moment où il s'était mis en route pour Arcis, Sallenauve ne put se défendre d'un retour vers le passé.

— Voilà un lieu, dit-il, où j'ai eu des jours plus tranquilles que ceux qui me paraissent promis par la vie politique.

— Les commencements en toute chose, répondit Bricheteau, sont difficiles;

d'ailleurs, ce qui vous arrive, vous l'avez un peu voulu ; et, sans la malheureuse inspiration de ce voyage en Angleterre, qui en somme s'est trouvé inutile...

— M'auriez-vous conseillé de ne le point faire ?

— Je ne dis pas ; mais vous auriez pu vous confier à moi au lieu de remettre vos intérêts entre les mains de ces l'Estorade. Jamais malheur ne vient nous frapper qu'il n'y ait quelque chose à mettre au compte de notre imprudence ; ce n'est donc pas votre nouvelle existence qu'il faut seule rendre responsable de toutes ces malencontres.

— Enfin, ce qui est fait est fait; occupons-nous maintenant de l'avenir, dit Sallenauve; et il se mit à écrire le brouillon d'une réponse.

Il venait de l'achever et se préparait à en donner lecture à l'organiste, quand le valet de chambre par lequel il avait remplacé sa belle gouvernante, entra pour lui annoncer qu'un monsieur et deux dames étaient là, demandant à lui parler.

Il passa dans la galerie dont était précédé son atelier, et ne fut pas médiocrement surpris en y trouvant M. et madame de Camps accompagnant madame de l'Estorade.

— Madame la comtesse de l'Estorade chez moi! s'écria-t-il; à quel hasard heureux ou malheureux dois-je l'honneur de cette visite?

— Tantôt, monsieur, vous avez été bien dur pour nous! répondit madame de l'Estorade.

— Si les paroles que j'ai prononcées à la tribune ont eu quelque part dans votre indisposition, croyez, madame, que je les regrette, car elles ont été frapper là où je ne les adressais pas. Mais, en vous voyant ici, à cette heure, je dois penser que cette indisposition n'a pas eu de suite.

Et il s'empressa d'avancer des siéges pour ses hôtes.

— Plus malade que je ne le suis, répondit madame de l'Estorade, vous m'eussiez vue encore : rien n'aurait pu me retenir en présence du málheur dont je me sens menacée.

— Un malheur? demanda Sallenauve.

— Vous n'avez pas lu le journal du soir? dit M. de Camps en prenant la parole.

— Si vraiment, et j'ai vu que M. de

l'Estorade s'était cru dans la nécessité d'expliquer son procédé.

— Eh bien! monsieur? fit vivement madame de l'Estorade.

— Au moment où votre visite m'a été annoncée, j'étais occupé de répondre.

— C'est justement, monsieur, dans la prévision de cette réponse, dit madame de Camps, que vous nous voyez ici. Nous sommes les premiers à le reconnaître; la lettre de M. de l'Estorade, à la publication de laquelle nous nous sommes opposés de toutes nos forces, est gratuitement injurieuse; mais quelques explications que nous sommes en mesure de vous fournir, vous décideront peut-être à voir sa conduite sous son véritable jour.

— Je ne dois pas, madame, répondit Sallenauve, me faire auprès de vous et de madame la comtesse, un mérite de ma déférence pour votre démarche. En gardant dans toute cette affaire l'attitude de parfaite modération qui peut être dans votre désir, je n'aurai fait que céder à ma propre inspiration. Déjà tout à l'heure, au sortir de la séance, provoqué directement par M. Maxime de Trailles, j'ai refusé la satisfaction qu'il me demandait ; j'aurais donc une mauvaise grâce insigne à vouloir avec M. de l'Estorade placer la question sur le même terrain.

— Oh! monsieur, fit madame de l'Estorade, en se levant toute hors d'elle, et en venant lui prendre les mains, de quel poids immense vous soulagez mon pauvre cœur.

Après l'avoir respectueusement reconduite à sa place :

— Je suis assez heureux, madame, reprit Sallenauve, pour pouvoir vous donner la preuve que le souvenir du bienveillant accueil que j'ai reçu dans votre maison, n'a pas cessé d'être présent à ma pensée; je venais de terminer le projet d'une lettre que je dois faire paraître demain matin dans un journal, je puis vous la communiquer, et même au besoin y modifier quelque chose dans le sens conciliant que nous poursuivons tous.

Sur l'accueil empressé qui fut fait à sa proposition, Sallenauve passa dans son atelier, et, en revenant presque aussitôt, un papier à la main :

— J'ai là, ajouta-t-il, un de mes amis, qui ne vous est pas tout à fait inconnu, M. Jacques Bricheteau. Je me préparais à lui demander sur ce projet de lettre son impression dans laquelle j'ai la plus entière confiance. Vous serait-il désagréable qu'il assistât à la lecture? Je me trouverais vraiment inquiet de la rédaction à laquelle je me serais arrêté, si, après que j'en aurai pris avec vous l'engagement, M. Bricheteau venait à ne pas tomber tout à fait dans notre sentiment.

Les de Camps regardèrent la comtesse comme pour la consulter.

— Mais, oui, dit madame de l'Estorade, je ne vois aucun inconvénient à m'expliquer devant M. Bricheteau, au contraire ; j'ai des excuses à lui adresser.

Ainsi autorisé, Sallenauve alla à la porte de l'atelier, et dit à haute voix :

— Monsieur Bricheteau, voulez-vous bien vous réunir à nous ?

L'organiste entra, fit un salut assez gauche et prit place avec le reste de l'assistance ; Sallenauve lut alors ce qui suit :

« Monsieur le rédacteur,

Les explications que j'ai dû donner à la tribune et qui ont paru satisfaire la Chambre, puisqu'à une immense majorité elle les a sanctionnées par son vote, ont

désobligé deux personnes : M. le comte
Maxime de Trailles que, sans le nommer
j'avais signalé comme ayant été mêlé,
depuis les dernières élections, à toutes
les chicanes plus ou moins loyales dont
ma nomination est devenue l'objet, et
M. le comte de l'Estorade, qu'également
sans le nommer, j'avais cité au tribunal
de sa conscience, pour s'entendre dire
par elle qu'il n'avait pas rempli envers
moi tous les devoirs de l'amitié.

» En pleine salle des Pas-Perdus, au
sortir de la séance, M. le comte Maxime
de Trailles est venu me demander raison de mes paroles, et ce soir, dans le
journal ministériel, M. le comte de l'Estorade m'insinue poliment que je n'ai

pas l'honneur d'être son ami. Il ajoute que, dans tous les cas, au moment où j'entendais me réclamer de lui, j'étais sous le coup d'une de ces accusations déplorables devant lesquelles les amitiés les plus anciennes doivent se voiler la tête et s'effacer.

» A M. le comte Maxime de Trailles, j'ai répondu qu'ayant avancé à la tribune des faits publiquement vrais et que lui-même ne contestait pas, je croirais manquer à tous mes devoirs de député si je l'autorisais à me demander compte de paroles prononcées dans l'enceinte parlementaire et à les placer sous le contrôle d'une espèce de censure armée.

» A M. le comte de l'Estorade, j'ai

l'honneur de répondre que je n'entends d'aucune façon me faire violemment place dans ses affections. La vive reconnaissance qu'il m'avait témoignée au sujet d'un léger service que j'ai eu l'occasion de lui rendre, m'avait fait l'illusion du sentiment auquel il ne me permet pas d'aspirer. J'espère encore, puisqu'il m'y condamne, pouvoir vivre sans l'amitié de M. de l'Estorade ; j'irai même, si ma justification ne lui paraît pas *tout à fait victorieuse,* jusqu'à me passer de son estime, le vote de la Chambre sur l'accusation à laquelle il fait allusion pouvant très heureusement m'en tenir lieu.

» Agréez, monsieur, etc.,

» SALLENAUVE,
» Député de l'Aube. »

Quand Sallenauve eut achevé de lire, il se fit un moment de silence.

— Cette lettre, finit par dire M. de Camps, me paraît parfaitement convenable, je n'y vois pas un mot à changer.

— Hum! dit Jacques Bricheteau, il faut convenir que M. le comte s'en tirerait à bon marché.

— Comment! monsieur, dit à son tour madame de l'Estorade, cette assimilation à M. Maxime de Trailles, cette allusion si cruellement discrète à un service dont en effet, mon mari a trop perdu la mé-

moire, ne vous paraissent pas une ré-
présaille assez sanglante !

— Cela, répondit Bricheteau, sera compris des esprits fins et de ceux qui savent l'étendue de l'obligation que monsieur votre mari se trouve avoir à M. de Sallenauve, mais la masse du public n'y verra qu'une réponse prodigieusement mesurée à une attaque qui ne s'était point souciée de l'être du tout.

— Si Paris tout entier, il y a quelques mois, dit Sallenauve, n'avait pas su mon empressement à me procurer une rencontre avec le duc de Rhetoré, il ne m'eût sans doute pas été loisible de prendre cette attitude, mais je me crois maintenant posé de façon à pouvoir choisir moi-même mes limites.

— Je ne nie pas cela, dit l'organiste, mais je répète que, violemment agressif, après avoir été d'un égoïsme cruel, M. de l'Estorade ne devait pas s'attendre à une réponse aussi modérée.

— Ce pacifique dénoûment, reprit madame de l'Estorade, était en effet assez peu probable pour que mes amis et moi n'ayons reculé devant aucune démarche, lorsqu'elle avait pour but de le ménager. Je dois dire cependant qu'en ayant le droit de se croire généreux, M. de Sallenauve n'aura été que juste;

et quand vous saurez, monsieur, sous quelle déplorable impression a agi mon mari, j'aime à me le persuader, vous ne voudrez pas tourner l'influence très légitime que vous exercez sur l'esprit de votre ami à passionner plus vivement ce déplorable conflit.

— Je n'ai besoin, madame d'aucune explication, dit Sallenauve; cette lettre était écrite avant votre arrivée; M. Jacques Bricheteau lui donne une approbation au moins relative; telle elle vous a été lue, telle elle sera imprimée.

— Je vous remercie, monsieur, de cette assurance, dit avec émotion la comtesse, et croyez que cette reconnaissance ajoutée à celle que je vous ai déjà, sera plus durable que la gratitude de M. de l'Estorade. Mais moins vous avez rendu nécessaire la confidence à laquelle je m'étais décidée en venant ici, plus je me sens engagée d'honneur à tout vous dire; par là, d'ailleurs, je pourvoierai aussi à ma justification personnelle; car moi, monsieur, je me passerais difficilement de votre estime, quoiqu'il soit maintenant dans mes devoirs de ne plus prétendre à votre amitié.

Madame de l'Estorade raconta alors la fatale lettre de Marie-Gaston : sa terrible influence sur l'esprit de M. de l'Estorade, conduit ainsi par sa disposition maladive et par une fureur jalouse à une sorte d'hostilité instinctive et aveugle.

— Au moment où j'eus l'honneur de votre visite, ajouta-t-elle en finissant et en se tournant vers Jacques Bricheteau, j'étais sous la première impression de ce malheur immense, et je m'étudiais à désapprendre la bienveillance qui, extérieurement du moins, n'était plus possible dans nos relations avec M. de Sallenauve.

— Mais votre lettre me dénonçant une rupture, dit Sallenauve, je ne l'ai point reçue.

— Content de ma démonstration, répondit la comtesse, mon mari ne jugea pas plus tard que l'envoi de la lettre fût utile : il avait un meilleur moyen de constater sa malveillance.

— Après la confidence dont vous avez daigné nous honorer, dit Jacques Bricheteau, M. de l'Estorade me paraît en effet plus à plaindre qu'à blâmer.

— N'est-ce pas, monsieur, dit la comtesse, qu'il a dû bien souffrir, et que la modération de M. de Sallenauve ne vous semble plus exagérée? Je vous supplie, au reste, de nous garder religieusement le secret de tout ce qui vient de vous être conté : vous en comprenez l'importance.

— Je puis vous donner, madame, répondit Sallenauve, M. Bricheteau pour le plus sûr gardien de secrets qui se puisse rencontrer ; depuis trente ans il couve celui de ma naissance, et, tout en me le dévoilant, il a encore trouvé le moyen d'en garder par devers lui une bonne moitié.

— Pour vous, monsieur, continua la comtesse, je ne vous adresse point de recommandation. Le dévoûment dont vous avez avec nous l'habitude, vous inspirera toujours dans le sens le meilleur pour nos intérêts.

— Croyez-le bien, madame dit Sallenauve, même condamné à l'exil, ce dévoûment ne cessera pas d'être entier et absolu, et, de loin comme de près, j'aurais toujours pour Sainte-Ursule un culte particulier.

— Ma chère, dit sèchement madame de Camps, en voyant que la conversation prenait un tour de plus en plus affectueux, je crois que nous ferons bien de pas retenir monsieur plus longtemps; il a encore à mettre sa lettre au net, et à la faire parvenir au journal où elle doit être insérée.

Les visiteurs alors se levèrent, et,

après quelques renseignements demandés et donnés sur la situation dans laquelle avait été laissé Marie-Gaston, on se sépara amiablement brouillé, et assez tendrement ennemi.

CHAPITRE QUATRIÈME

IV

Conseils à mon fils.

La lettre de Sallenauve parut le lendemain dans *le National*, et, en sa qualité d'acte politique, elle fut jugée avec l'esprit de prévention qui ne manque jamais de présider aux appréciations des partis.

Dans le monde ministériel, elle fut trouvée d'une extrême prudence, et M. de l'Estorade se vit complimenté comme ayant porté un coup de massue qui, couronnant la démarche de M. de Trailles, avait terrassé son homme de façon à ce que jamais il ne s'en relevât.

L'opposition trouva, au contraire, la réponse de Sallenauve parfaitement digne. La modération de son langage, rapprochée de la brutalité de l'attaque et de l'obligation assez publiquement connue que lui avait fait l'agresseur, parut d'un excellent goût, et un journal faisant allusion à l'incartade de Maxime de Trailles, félicita hautement le député de l'Aube de son courage à mépriser les provocations des *spadassins du pouvoir*.

En somme le gros public, qui ne savait rien des antécédents et de l'économie secrète de l'affaire, n'y vit pas matière à se passionner beaucoup, et, deux jours plus tard, toute sa curiosité s'était tournée vers les débats de l'Adresse en réponse au discours de la couronne, prologue toujours impatiemment attendu dans le grand drame de chaque session.

La veille de l'ouverture de la discussion, un grave délibéré eut lieu entre

Jacques Bricheteau et Sallenauve, sur la question de savoir si le nouveau député prendrait la parole.

L'organiste, qui savait le dernier mot de l'avenir réservé à Sallenauve dans les plans paternels, disait que son jeune ami n'avait pas un moment à perdre pour fonder sa notoriété politique, et, en conséquence, il était d'avis que l'occasion d'un débat à grand retentissement fût avidement saisie.

Sallenauve trouvait au contraire, que c'était beaucoup se hâter. Forcé par le besoin de sa défense de paraître à la tribune plus tôt qu'il ne se l'était proposé, il l'avait fait dans des conditions heureu-

ses, puisqu'il avait récolté un succès ;
mais, maintenant, quand il s'agissait
d'aller prendre place dans cet imposant
défilé oratoire où l'on verrait figurer
toutes les plus hautes célébrités du monde
parlementaire, y aurait-il, de sa part,
prudence et sagesse à ne pas se défendre
de cet entraînement ? Rarement cette
impatience avait réussi ; composée en
majorité, comme toute grande réunion,
de médiocrités envieuses, la Chambre
était naturellement hostile à toute supériorité qui semblait vouloir s'imposer,
et une allure modeste et défiante d'elle-
même était auprès d'elle la meilleure
manière de se recommander, Sallenauve
avait donc l'instinct de se réserver pour
une occasion moins prévue, moins so-

lennelle, et de rester cette fois spectateur du combat.

Ne pouvant s'entendre, les deux parties d'un commun accord résolurent de soumettre la question à un tiers; Daniel d'Arthez, excellent esprit, et qui s'était montré animé pour Sallenauve des sentiments les plus bienveillants, fut l'arbitre choisi.

Le jour même, Sallenauve, qui d'ailleurs lui devait une visite ainsi qu'à Canalis, se présenta chez lui, et après l'avoir remercié du zèle officieux avec lequel il avait pris sa défense, il le fit juge du cas litigeux.

D'Arthez n'hésita pas pour le parti du silence.

— La Chambre, dit-il, est un terrain qu'il faut étudier avant de s'y aventurer. Indépendamment du talent, la tribune a un côté métier qu'il est bon de connaître et dont l'expérience ne s'improvise pas. Dans une question toute personnelle, vous avez été écouté avec intérêt; ne compromettez pas cette première impression. En vous présentant un peu plus tard avec toute la préparation nécessaire, vous augmenterez pour vous les chances d'un début éclatant. Rarement on a à regretter de s'être ajourné.

Heureux de voir sa propre impression

si complètement reproduite, Sallenauve, après avoir remercié son conseiller, se disposait à se retirer, lorsque d'Arthez lui dit :

— Et Marie-Gaston, que faites-vous de lui ?

— Il est parti pour un assez long voyage, répondit Sallenauve.

Malgré sa confiance absolue dans son collègue, le député d'Arcis ne jugea pas convenable de s'ouvrir plus complètement à lui.

— J'ai eu, il y a quelques jours, reprit

d'Arthez, la visite de sa belle-sœur, accompagnée de ses deux enfants. A Ville-d'Avray, où elle s'était d'abord rendue, on n'avait pu lui dire la résidence actuelle de Marie-Gaston; comme je n'étais pas mieux en mesure de la renseigner, je l'ai renvoyée à vous ou à la famille l'Estorade.

— Madame Louis Gaston n'est pas venue chez moi, répondit Sallenauve. Elle aura naturellement préféré s'adresser à la comtesse, qu'elle connaît un peu.

Cela dit, il prit congé de d'Arthez, sans donner autrement d'attention au détail qu'il venait d'apprendre; mais plus tard, se rappelant que Marie-Gaston ne supportait pas sa belle-sœur et ses neveux, qui avaient été la cause involontaire de la mort de Louise de Chaulieu, il craignit que les l'Estorade n'eussent livré le secret de sa résidence, et cette préoccupation lui devint assez vive pour qu'il trouvât utile d'écrire à madame de Camps, afin de savoir d'elle si madame Louis Gaston avait vu les l'Estorade, et jusqu'à quel point ceux-ci avaient poussé avec elle la discrétion.

« Madame Louis Gaston, s'empressa de répondre madame de Camps, s'est en effet présentée chez nos amis; elle n'a pas vu Renée, qui était absente, mais elle a parlé à M. de l'Estorade. Celui-ci a fait la faute de lui révéler crûment l'état de M. Marie-Gaston et de lui dire le lieu où il est en traitement. Nous avons beaucoup grondé de cette légèreté de langue, mais je crains bien que le forcené, qui en veut à notre pauvre fou autant qu'à vous, monsieur, n'ait trouvé un malin plaisir à s'en rendre coupable. Espérons, pourtant, qu'aucune conséquence fâcheuse ne résultera de cette indiscrétion; car le secret, en définive, ne sort pas de la famille. »

— Ce misérable! s'écria Sallenauve, sera certainement cause de quelque malheur et allant aussitôt trouver Jacques Bricheteau il lui fit part de ses nouvelles appréhensions.

— Madame Louis Gaston, dit-il, était la femme de Louis Gaston, frère jumeau de notre pauvre ami. Son mari mort dans les Indes, à la suite de sinistres commerciaux qui lui avaient enlevé tout ce qu'il possédait, elle arriva en France avec ses deux enfants et fut à la charge de son beau-frère, devenu riche par son mariage avec Louise de Chaulieu. Par une discrétion bien naturelle, Marie-Gaston cacha à sa femme la situation de sa belle-sœur. Le secret dont il entourait cette relation fut découvert par Louise de Chaulieu qui dans cette inconnue, dont son mari s'occupait, vit une rivale dont il avait des enfants, et mit fin par une mort volontaire aux tortures de sa jalousie. A la fin, détrompée, elle

voulait ressaisir la vie, mais il n'était
plus temps, elle était atteinte et s'éteignit victime de sa méprise. Après le départ de Marie-Gaston pour l'Italie, madame Louis Gaston, qui est Anglaise,
retourna aux Indes, où, aidée des bienfaits de son beau-frère, elle espérait recueillir quelques débris de sa fortune.
Jamais je n'ai parlé d'elle à notre pauvre malade et lui-même ne m'a jamais
ouvert la bouche de sa belle-sœur et de
ses neveux, qu'il doit considérer comme
les bourreaux de sa femme. Si madame
Louis Gaston, dont je n'ai pu retrouver
la trace à Paris, a eu l'idée de se rendre
à Hanwell, le docteur Ellis, qui était en
quête d'une émotion à procurer à son
malade, la lui présentera peut-être avec

ses enfants, sans savoir le funeste passé dont ils sont les souvenirs vivants, alors, qui peut calculer les conséquences de cette rencontre?

— Une lettre explicative, répondit Jacques Bricheteau pourrait parer à tout.

— Une lettre! sans doute, répondit Sallenauve, mais une lettre peut se perdre, être retardée en route; si j'étais libre, j'irais.

— Ce qui veut dire que moi, qui ne suis retenu par rien, je dois partir à votre place?

— Mon dieu ! cher monsieur Jacques, répondit Sallenauve, c'est bien abuser de votre dévoûment ; mais vous vous le rappelez, le docteur Ellis avait pensé que votre génie musical pouvait aussi lui venir en aide.

— Il n'y a pas tant de raisons, répondit Jacques Bricheteau ; pour l'œuvre dans laquelle je vous ai poussé, il vous faut l'esprit libre et une absence complète de préoccupations. Ce second voyage de Hanwell sera, après tout, moins désagréable que le premier, car je vais cette fois à coup sûr. Le temps de faire une malle et je pars ; seulement, avant que nous nous séparions, convenons de quelques faits. D'abord parlons de vos finances.

— Avant mon budget, répondit Sallenauve, le vôtre me paraîtrait une question pressante à examiner ; ces mille cinq cents francs qui viennent de vous être enlevés, doivent faire dans votre modeste existence un déficit considérable.

— Ne vous occupez pas de moi, répondit Jacques Bricheteau ; j'ai le moyen, par des leçons, de me faire et au-delà un revenu équivalent ; mais quant à vous, 1 faut vous défendre d'une illusion qui pourrait devenir dangereuse ; la fortune de votre père, je dois vous en prévenir, n'est pas inépuisable, et le demi-million qu'il vient de sacrifier à votre triomphe électoral ne saurait être immédiatement suivi de déboursés aussi importants.

— Cela se comprend, repartit le député, mais des revenus m'ont été créés par cette libéralité.

— Vous avez, reprit Bricheteau, à peu près quatre mille livres de rentes de la terre d'Arcis ; cinq mille de l'immeuble que vous avez acheté rue Saint-Martin ; total : neuf mille livres de revenu que vous vous êtes fait au moyen d'un capital de quatre cent et quelques mille francs. La Sainte-Ursule en a bien coûté une quinzaine de mille ; deux actions du *National*, cinq mille ; enfin, cinquante mille francs employés en frais d'élection et de réparations du château d'Arcis, si tout cela additionné vous laisse sur le demi-million trente mille francs vaillant, c'est bien, je pense, tout le bout du monde.

— Ce compte, répondit Sallenauve, me semble sans réplique.

— Oui; mais nous avons encore un capital de douze mille francs, immobilisé pour le service de la pension de six cents francs que vous vous êtes engagé à faire à la paysanne de Romilly; reste donc net dix-huit mille francs, lesquels, à cinq pour cent, donnent un revenu de neuf cents francs. Ainsi, vous le voyez, mon cher élève, vous n'êtes pas tout à fait à la tête de dix mille francs de rente.

— Barème, assurément, n'aurait pas pas pu se vanter de compter plus juste que vous.

— Dans ces circonstances, reprit Jacques Bricheteau, l'entretien d'une voiture et de deux chevaux devenant impossible, je crois avoir sagement disposé pour vos intérêts en donnant mandat à maître Pigoult de faire vendre la calèche et les chevaux que, par mon conseil, vous avez laissés à votre château, après en avoir ébloui les yeux des habitants d'Arcis durant la période passionnée de l'élection.

— Un député démocrate allant en voiture, c'était, répondit gaîment Sallenauve, un espèce de scandale que vous avez eu raison de faire cesser.

— D'autres, reprit Bricheteau, ne se mettent pas en grand souci de cette inconséquence et malheureusement nous sommes à une époque où avec de l'argent seul on se fait une grande consistance politique. Enfin, vous compenserez, j'espère, par le talent, ce qui pourra manquer du côté de la fortune et puis d'ici à quelque temps votre père pourra sans doute faire quelque chose; mais dans tous les cas il y a une humiliation que nous ne subirons pas.

— Quoi donc? demanda vivement Sallenauve.

— Croiriez-vous, dit l'organiste, que ces Beauvisage se sont présentés pour faire l'acquisition de votre calèche !

— En vérité ? dit Sallenauve, sans que cette prétention parût l'émouvoir beaucoup.

— La chose, repartit Jacques Bricheteau, est plus grave que vous ne pensez ; vous êtes avec ces gens dans une rivalité des plus aigres et des plus déclarées, et, sous l'œil d'un public de province, les laisser venir au partage de vos dépouilles, constituerait une déchéance qu'il ne faut souffrir à aucun prix.

— Mais comment conciliez-vous cette prétention avec leurs habitudes de lésine?

— Ce Maxime de Trailles, en leur inoculant l'idée de la députation, les a complètement dépaysés de tout leur passé. Faire arriver son mari à la Chambre est maintenant, pour madame Beauvisage, une idée fixe; elle y sacrifiera sa fille, qu'elle donnera à un intrigant quinquagénaire pour s'assurer sa coopération et son concours. Au mois de juillet prochain, quelle que puisse être la dépense, la famille vient s'installer à Paris, dans le magnifique hôtel Beauséant, dont le vieux Grévin avait fait l'acquisition, et que, jusqu'à cette époque, il avait loué à des Anglais. N'ayant pu vous perdre par leurs intrigues, ces forcenés tâcheront de vous écraser par leur luxe, sans compter la chance de vous voir disparaître par les soins de M. de Trailles auquel je crains bien que vous ne finissiez par faire l'honneur qu'il sollicitait de vous.

— De ce côté-là, répondit Sallenauve, vous pouvez, je crois, être tranquille. D'abord Rastignac, qu'il doit ménager, ne fût-ce qu'en vue de l'élection de son beau-père, ne permettra pas à ce bravo de replacer la question sur le terrain politique où le gouvernement serait exposé aux éclaboussures. Quant à une insulte personnelle par laquelle M. de Trailles pourrait penser à m'attirer à portée de son pistolet, il n'y a nulle apparence : M. de Trailles, dans une affaire d'honneur, a pour principe de n'être jamais l'agresseur, de manière à se réserver le choix des armes, et à tirer toujours le premier.

— Eh bien! la calèche et les chevaux, ils ne les auront pas non plus ; j'ai donné ordre qu'on les fît revenir ici à petites journées et les gens qui nous les ont vendus les reprendront à moitié prix; il vaut mieux réaliser cette perte que de ménager un triomphe à nos adversaires. Maintenant, soyez prudent, n'ayez pas de rechute de sculpture, montrez-vous assidu aux travaux de la Chambre, et quoi qu'en ait dit M. d'Arthez, ne tardez pas trop à faire votre début dans quelque question à effet. J'espère, au reste, ne pas être absent plus de cinq à six jours, et vous rapporter de bonnes nouvelles.

Là-dessus, Jacques Bricheteau donna une chaleureuse poignée de main à Sallenauve, et, quelques heures après, il était de nouveau en route pour le comté de Middlesex.

CHAPITRE CINQUIÈME

V.

On lit dans le Times.

Trois jours après le départ de Jacques Bricheteau, tous les journaux de Paris sans exception reproduisaient l'article suivant, extrait du journal anglais le *Times:*

« L'asile des aliénés de Hanwell vient d'être le théâtre d'un de ces drames terribles où les plus sombres imaginations des romanciers se trouvent de bien loin dépassées par les combinaisons puissantes de la réalité.

» L'immense réputation du docteur Ellis, admis sans conteste pour le premier médecin aliéniste qui soit dans toute l'Europe, avait décidé les amis d'un gentleman français tombé en démence, à venir réclamer pour lui les soins du savant directeur de l'Asile.

» Connu par quelques ouvrages dramatiques représentés avec succès et plus

encore par son mariage avec une des
plus élégantes héritières de l'aristocratie française, M. Marie-Gaston, à la
suite de la mort de sa femme, était
tombé en proie à une mélancolie noire
qu'un voyage en Italie n'avait fait que
développer. Cette sombre disposition
d'esprit ayant fini par dégénérer en une
folie déclarée avec disposition marquée
au suicide, par le conseil et avec le concours de lord.Lewin, notre compatriote,
M. de Sallenauve, membre du parlement français, se décida à conduire à
Hanwell le malade avec lequel il était
uni par les liens de l'amitié la plus vive,
et, soit dit en passant, ce voyage, dont il
ne pouvait convenablement révéler le
pieux motif, a donné lieu récemment,

dans la Chambre des députés de France, à des explications dont l'honorable représentant pour Arcis-sur-Aube, s'est tiré avec autant de noblesse que d'esprit.

» Une fois le malheureux Marie-Gaston consigné aux mains du docteur Ellis, l'honorable M. de Sallenauve pouvait être en pleine sécurité, et il s'empressa de retourner à Paris pour occuper son siége au parlement.

» Par les soins du docteur Ellis, la maladie, malgré sa gravité, prit bientôt le caractère le plus rassurant de bénignité, et il n'y avait pas à douter, après quelques semaines de traitement, que le patient ne dût être remis à ses amis dans un parfait état de guérison, quand la complication la plus déplorable vint amener un dénoûment non moins triste qu'inattendu.

» M. Marie-Gaston avait, du côté de son frère, mort il y a quelques années dans nos possessions de l'Inde, une belle-sœur et deux neveux, dont il était le soutien, mais qu'il ne voulait point voir, à cause de certains souvenirs douloureux se rattachant à la mort de sa femme.

» Instruite de la maladie de son beau-frère, madame Gaston crut devoir se rendre à Hanwell, accompagnée de ses enfants.

» Très confiant dans l'efficacité du traitement moral, le docteur Ellis était depuis quelques jours à la recherche d'un agent propre à relever son malade d'un fâcheux état de torpeur consécutif à la période aiguë de son affection.

» Ignorant l'espèce de répulsion éprouvée par M. Marie-Gaston pour cette parenté, le docteur jugea que la vue de sa belle-sœur et de ses neveux pourrait galvaniser le lunatique, et sans préparation aucune il le mit en rapport avec les objets de son aversion.

» La scène se passait dans l'appartement du docteur, situé au premier étage de la tour octogone où a été ménagée l'entrée de l'Asile; cette tour, de médiocre élévation, est couronnée par une plate-forme qu'entoure une balustrade à l'italienne.

» En voyant sa belle-sœur et ses neveux, M. Marie-Gaston ne parut pas d'abord les reconnaître; mais, sur l'observation du docteur qui les lui nomma : — Ah! oui, dit-il, ce sont d'aimables parents, j'ai grand plaisir à les revoir, et, après les avoir embrassés, il causa avec eux d'une façon très raisonnable et sans que rien pût faire préjuger l'imminence d'un accès.

» Au bout d'un quart d'heure, comme ses visiteurs étaient déjà debout pour prendre congé. — Quel est l'aîné de mes neveux? demanda le malade. — La question pouvait paraître singulière, car la taille seule suffisait à indiquer la différence d'âge qui existe entre les deux enfants.

» La mère ayant néanmoins donné l'indication qui lui était demandée, le fou s'approcha du plus jeune, le jeta sous son bras avec une force herculéenne, comme il eût fait du moindre paquet, et, ouvrant avec impétuosité la porte de l'appartement, il sortit en courant.

» Le docteur et lord Lewin, qui étaient présents, soupçonnèrent aussitôt quelque mauvais dessein, ils se mirent à la poursuite de l'insensé.

» Celui-ci cependant, tenant toujours sous son bras l'enfant qui jetait les hauts cris, était monté jusqu'à la plate-forme de la tour, avait ôté la clé de la porte par laquelle on y arrive, et refusait obstinément de l'ouvrir, en sorte qu'on ne se voyait plus d'autre ressource que celle de l'enfoncer.

» Aux premiers coups violents qui furent dirigés contre l'obstacle : — Si quelqu'un ose pénétrer ici, s'écria le fou d'une voix terrible, je jette l'enfant par dessus la balustrade; — et les choses que disent les fous, on sait malheureusement qu'ils les font.

— On entra alors en *parlementage* avec ce dangereux homme en lui demandant ce qu'il prétendait pour se dessaisir de l'espèce d'ôtage dont il s'était emparé.

» — Qu'on m'apporte mes ailes! répondit-il, je veux sortir de cet enfer où l'on me retient contre tout droit, et poussant un long éclat de rire : — Ah! malin docteur, ajouta-t-il, tu ne te doutais pas que je savais voler!

» — Où sont-elles, vos ailes? demanda le docteur, qui savait que la contradiction exaspère les maniaques.

» — Vous les trouverez cachées dans mes bottes, répondit l'insensé ; ce sont des ailes d'ange en caoutchouc que ma femme a volées à l'archange saint Michel, afin que je pusse aller la retrouver.

» — Je cours les chercher, dit le docteur ; mais si vous faites le moindre mal à votre neveu, je les jette dans le feu de la cuisine, et vous ne les reverrez jamais. »

» Affectant alors de descendre avec grand bruit, le docteur laissa lord Lewin en sentinelle à la porte, pour le cas assez probable où le fou aurait l'idée de l'ouvrir quand il cesserait de se croire assiégé.

» Arrivé auprès de la mère, qu'on avait à grand'peine fait revenir d'un profond évanouissement, le docteur l'interrogea, et, apprenant les raisons que le malade avait de mal vivre avec elle, il lui reprocha vivement d'être venue à l'Asile, et surtout de ne l'avoir point avisé des fâcheux antécédents qui avaient amené la terrible scène dont personne ne pouvait prévoir la fin.

» Prenant dans la chambre de sa

femme un écran en plumes, le docteur, sans perdre beaucoup de temps à ces explications, descendit dans la cour, et de là, interpellant le fou, il lui demanda, en lui montrant l'écran, si c'étaient là les ailes qu'il avait demandées?

» — Non, répondit le maniaque, elles sont plus grandes; celles-là sont des ailes de chérubin; » et, en disant cela, il se remit à donner un spectacle effroyable qui, depuis près d'un quart d'heure, épouvantait tous les employés de l'Asile rassemblés au pied de la tour. Courant, comme un insensé qu'il était, autour de la plate-forme, il tenait l'enfant suspendu au-dessus de sa tête, et par intervalles montait sur la balustrade du haut de laquelle il paraissait prêt à se précipiter.

» La mère, cependant, qu'on avait vainement essayé de retenir, était venue se réunir aux spectateurs de cette scène affreuse, et, pour avoir une idée de ses angoisses, il faut se la représenter à genoux, avec son autre enfant, au milieu de la cour, et adressant de loin au furieux les plus lamentables supplications.

» Ne sachant comment mettre fin à cette situation, qui, d'un moment à l'autre, pouvait se dénouer de la manière la plus tragique, le docteur avait crié au fou qu'il attendît et qu'il allait mieux chercher ; et en même temps il avait ordonné à plusieurs gardiens de se munir de matelats en ayant soin de se tenir assez près du pied de la tour pour ne pas être à portée de la vue du furieux, que ces précautions de sauvetage auraient pu exaspérer. Restait alors la chance, au moment où il se précipiterait lui-même ou l'enfant, de se porter assez rapidement du côté où s'opérerait la chute pour en amortir les effets.

» Ces dispositions promptement prises, le docteur fit une dernière tentative : après avoir ordonné qu'on lui apportât une paire de bottes. « — Voilà vos bottes, cria-t-il au fou, je n'y trouve rien ; on va vous les monter, vous chercherez vous-même, et, si les ailes n'y sont pas, je vous ferai donner la douche parce que, savez-vous bien? je n'aime pas qu'on se rie de moi.

» Avec les fous, la menace de la douche manque rarement son effet.

« — Montez donc ces bottes, » cria le malheureux Marie-Gaston, et tout le monde respira, car il paraissait croyable qu'il ouvrirait la porte et qu'on pourrait enfin se rendre maître de lui.

» Mais à ce moment, au milieu de l'immense silence qu'avaient produit l'attente et l'anxiété générales, retentit la détonation d'une arme à feu.

« — Descendu ! » cria au même instant une voix d'un accent joyeux.

» Et en effet une balle avait atteint l'insensé qu'on vit tournoyer et s'affaisser sur lui-même.

» C'était un autre fou, qui poussé par cet instinct de destruction qu'on remarque souvent chez les maniaques, avait profité de l'émoi général pour entrer chez le gardien et s'emparer d'un fusil chargé. Providence aveugle ! il avait pris parti pour l'enfant et avait tiré assez juste pour que son *confrère* fût seul atteint sans que la jeune et innocente victime reçût aucun mal.

» Le coroner a déclaré la mort violente par les mains d'un homme privé de raison; en conséquence, aucune poursuite criminelle ne sera dirigée contre l'auteur du meurtre. Le docteur Ellis a de même été déchargé de toute accusation, l'imprudence restant à la charge de la belle-sœur du décédé, qui aurait dû, en se présentant à l'Asile, faire connaître la nature des fâcheuses relations qui avaient existé entre elle et son infortuné parent. »

Inutilement on essaierait de peindre

la douleur de Sallenauve et son indignation contre M. de l'Estorade, l'auteur vrai de tout le mal, quand il eut pris connaissance de cet article, qui, après avoir fait le bonheur du public anglais, défraya pendant plusieurs jours la conversation dans tous les salons de Paris.

Sallenauve, d'ailleurs, n'avait pas encore épuisé la série entière des émotions que la cruelle destinée de son ami lui tenait en réserve.

Le lendemain du jour où l'article du *Times* était parvenu à Paris, il recevait de Jacques Bricheteau une lettre que nous reproduisons ici :

« Cher monsieur et ami, écrivait l'organiste, je n'ai pas à vous entretenir de l'affreux événement dont les feuilles publiques ont donné une relation circonstanciée.

» Je suis arrivé seulement pour assister aux funérailles de votre malheureux ami ; par les soins de lord Lewin, ses restes mortels ont été embaumés, et n'ayant pu faire mieux, je me chargerai de les ramener en France, pour être inhumés auprès de ceux de sa femme.

» Provisoirement, ils sont déposés à Londres dans le caveau d'une chapelle catholique, car, selon toute apparence, mon séjour ici devra se prolonger pendant quelque temps, par suite d'un événement également fort triste dont j'ai le devoir de vous informer.

» Depuis la catastrophe d'Hanwell, lord Lewin, qui ne m'a pas quitté, paraissait en proie à une humeur sombre, et hier, dans l'après-midi, à notre arrivée à Londres, quand je parlai de m'embarquer le soir même, il me conjura de lui accorder au moins la soirée.

» Il possède dans Regent-street une maison de belle apparence où il exigea que je descendisse avec lui. En dînant, pour le distraire, je lui contai votre histoire avec la signora Luigia.

» — Joue-t-elle ce soir? demanda-t-il, et quand il se fut assuré que l'étrange femme dont je lui avais dépeint le caractère, devait paraître dans le rôle de la Desdemona d'*Othello*, il ne me donna pas de cesse que je n'eusse consenti à l'accompagner au théâtre de la Reine.

» La Luigia fut très belle; lord Lewin l'applaudit avec frénésie, et quand nous fûmes rentrés, tout en mettant à sec un immense bol de punch qu'il avait fait préparer, et dont pour ma part je ne pris ue deux verres, il continua de se répandre en éloges sur le compte de la grande artiste que nous avions entendue.

» Habitué comme beaucoup de ses compatriotes aux excès de boisson, lord Lewin, malgré l'énorme quantité d'alcool qu'il avait absorbée, ne me parut en proie qu'à une sorte d'exaltation, ses idées restaient parfaitement saines et lucides, et notre soirée, que nous prolongeâmes jusqu'aux environs de minuit, fut constamment animée par le ton vif et intéressant qu'il sut donner à la conversation.

» Au moment où nous nous séparâmes

il me fit expressément promettre de ne pas partir le lendemain sans le voir, et, dans le cas où il ne serait pas levé, de le faire éveiller par son valet de chambre, pour recevoir mes adieux.

» Le punch que j'avais bu, joint à la douloureuse pensée de votre malheureux ami, m'ayant beaucoup agité, j'eus quelque peine à m'endormir, et, le lendemain, je me réveillai plus tard que je n'en avais le dessein. Une heure me restait à peine avant le départ du paquebot. Je me hâtai donc de faire mes préparatifs, et comme lord Lewin n'avait pas encore sonné, j'engageai le valet de chambre à entrer chez lui, afin que je pusse prendre congé.

» Cet homme ne fut qu'un moment dans la chambre de son maître, et il en ressortit pâle, effaré, en s'écriant! Ah! monsieur, ah! monsieur.

» Jugeant aussitôt qu'il était arrivé quelque malheur, j'entre à mon tour et je trouve lord Lewin devant une table sur laquelle était un papier écrit. Renversé sur son fauteuil, ses pieds baignaient dans une mare de sang; le rasoir avec lequel il avait fait le coup était encore entre ses doigts crispés, et plusieurs heures avaient dû s'écouler depuis qu'il s'était frappé, car le cadavre était déjà froid et raidi.

» Le papier laissé sur la table devait

expliquer le suicide; je le pris et j'y lus :

CECI EST MON TESTAMENT.

« Les hommes sont si inconséquents,
» qu'ayant toujours eu un penchant
» marqué pour la mort volontaire, j'ai
» fait tout ce qui était en moi pour em-
» pêcher un autre de boire à la même
» coupe.

» Ma sagesse a eu un beau résultat :
» l'homme est mort, et mille fois plus
» malheureusement que s'il s'était frappé
» lui-même. Il me semble que, du fond
» de son cercueil, je l'entends me dire :

» Monsieur le nécessaire, de quoi vous
» mêliez-vous ?

» Mon bon ami, ne vous fâchez pas,
» vous êtes parti devant ; mais, tout à
» l'heure, je vais vous suivre ; souffrez
» seulement que je mette ordre à quel-
» ques intérêts.

» Laissant après moi une certaine for-
» tune et plusieurs héritiers éloignés,
» dont je ne me soucie guère, j'entends
» que la totalité de mes biens soit ainsi
» partagée :

» A la signora Luigia, première can-
» tatrice du théâtre de la Reine, je donne

» et lègue le quart de mes biens meu-
» bles et immeubles, en reconnaissance
» de l'agréable soirée qu'elle vient de
» me faire passer, et comme encoura-
» gement à son beau talent.

» A M. Charles de Sallenauve, mem-
» bre du parlement de France, et dont
» j'ai été à même d'apprécier l'esprit
» distingué et les nobles sentiments, je
» lègue les trois autres quarts. Je recom-
» mande à sa générosité les gens atta-
» chés à mon service, le laissant libre de
» disposer en leur faveur ainsi qu'il
» l'entendra.

» Je nomme pour mon exécuteur tes-

» tamentaire M. Jacques Bricheteau, or-
» ganiste à Paris, et je le prie, pour ses
» soins et peines, de me permettre de
» lui léguer une somme de cinq mille
» livres sterling.

» Toutes mes affaires ainsi réglées, il
» ne reste plus que la petite cérémonie,
» qui ne sera pas longue, à laquelle je
» vais procéder sans autre délai.

» Écrit à Londres, dans la nuit du
» 3 juin 1839.

» CHARLES PHILIPPE LEWIN. »

« Je vous sais, mon cher Sallenauve,

l'âme trop bien placée pour croire que vous accueillerez avec grande joie la bonne fortune inattendue qui vous arrive. Elle est à coup sûr bien chèrement achetée par la mort de cet excellent homme qui vient de finir d'une façon si anglaise.

» Ses domestiques m'ont assuré que, de temps immémorial, il nourrissait des idées de suicide, et, s'il s'était si officieusement entremis pour empêcher celui de votre ami, c'était par respect pour ce grand acte de la volonté humaine qui ne devait pas être permis, disait-il, à un homme privé de raison. Il est à croire que la fin funeste de Marie-Gaston, à laquelle il ne se regardait pas comme étranger en suite de l'idée qu'il avait eue de le conduire à Hanwell, aura précipité sa terrible résolution.

» Pour voir les bons côtés de ce malheur, il faut vous dire que lord Lewin paraissait prédestiné à finir de cette façon, et que vous l'eussiez de même perdu quand il n'aurait pas eu la généreuse inspiration de faire de vous son héritier.

» Vous voilà maintenant, en dehors des bienfaits paternels, posé de façon à prendre dans votre nouvelle carrière une attitude des plus imposantes : avec du talent soutenu par de la fortune, la devise *quà non ascendam* (1)? n'est pas assurément une fatuité.

» Vous aurez aussi quelque plaisir à penser que l'avenir de votre ancienne gouvernante est aujourd'hui assuré, et qu'elle peut, si elle veut, se soustraire à la tutelle compromettante dont vous vous épouvantiez pour elle.

» Quant à moi j'aurai le moyen de faire faire à mon orgue les réparations nécessaires, et jamais plus je n'exécuterai une fugue, sans l'adresser mentalement à notre bienfaiteur imprévu.

» Qui sait? l'amour pourra peut-être

(1) Où ne monterai-je pas ?

aussi vous dédommager des affreux mécomptes que vous avez trouvés dans l'amitié ; et mademoiselle de Lanty, si elle pouvait être retrouvée par la mère Marie-des-Anges, n'est plus pour vous à cette heure, un parti auquel il vous soit défendu d'aspirer.

» Les fonctions d'exécuteur testamentaires sont, en Angleterre, bien autrement compliquées qu'en France, et je serais épouvanté de ma tâche, si je n'avais la ressource de recourir aux lumières d'un attorney qui sera mon conseil et mon guide.

» J'ai dû commencer par faire constater au moyen d'une enquête, les causes du suicide, car, en Angleterre, une ancienne loi non rapportée, condamne l'homme qui a attenté sur lui-même à être traîné sur la claie et tous ses biens doivent être confisqués. Mais jamais cette loi ne s'applique, et le coroner déclare toujours que le suicidé a péri dans un accès d'aliénation mentale; suivant la formule consacrée, on a reconnu que notre cher lord était mort par la visitation de Dieu. (*By the visitation of the Good.*)

» Je ferai de mon mieux pour liquider le plus rapidement possible la succession et pour être bientôt en mesure d'aller vous offrir les consolations de l'amitié sincère et inaltérable de votre affectueusement dévoué,

» JACQUES BRICHETEAU. »

CHAPITRE SIXIÈME

VI

Londres, Paris et Arcis.

La succession de lord Lewin fut beaucoup plus longue à liquider que Jacques Bricheteau ne se l'était figuré. Sans parler de la longueur des formalités courantes, il eut à se débattre contre les prétentions des collatéraux du testateur, qui n'allaient à rien moins qu'à l'annulation du testament..

Ces gens attaquaient les dispositions du défunt avec une arme dangereuse, à savoir un dilemme.

« Ou notre cher et honoré parent, disaient-ils, était devenu fou, où il avait conservé son bon sens. S'il était fou, il n'a pu faire un testament valable; s'il avait conservé son bon sens, il s'est suicidé par un acte libre de sa volonté; dans ce cas, le testament doit encore être annulé et ses biens n'appartiennent pas aux héritiers qu'il a désignés, mais à la couronne, en vertu du droit de confiscation. »

Il est bien vrai que par l'un des côtés de leur raisonnement ces gens arrivaient à le déshériter ; mais outre que c'eût été encore pour eux une consolation que d'entraîner leurs adversaires dans une ruine commune, ils comptaient bien par la menace de leur argumentation les amener à transiger. C'est en effet le parti auquel Jacques Bricheteau crut devoir s'arrêter ; considérant la défaveur que pouvaient rencontrer devant les tribunaux anglais des légataires étrangers, il jugea qu'un sacrifice était nécessaire.

L'hoirie se montait à plus de deux

cent mille livres de rente ; les serviteurs convenablement récompensés et le legs de l'exécuteur testamentaire acquitté restait la somme ronde de quatre millions.

Sur les trois millions afférents à Sallenauve, Bricheteau préleva le quart, ou sept cent cinquante mille francs ; du million dévolu à la Luigia, il détourna également un quart, ou deux cent cinquante mille francs, ce qui était bien rester dans les proportions indiquées par le testateur. Le million formé par ces deux contributions fut jeté aux collatéraux qui, à ce prix donnèrent leur désistement. Tous les frais soldés, Sallenauve demeurait à la tête d'environ cent vingt-cinq mille francs de rentes, et la signora Luigia, pour sa part, en conservait plus de trente mille; personne n'avait donc le droit de se tenir pour très malheureux.

Bien avant le moment où, en Angleterre, la sage administration de Jacques Bricheteau préparait ce dénoûment, en France se liquidait la succession de Marie-Gaston.

Mort *ab' intestat*, il avait pour héritiers ses deux neveux. Comme l'un et l'autre étaient mineurs, les immeubles durent être vendus judiciairement. Le pavillon de Ville-d'Avray, cette adorable création de l'amour de Louise de Chaulieu, se vit donc livré à toutes les ignobles formalités de la licitation.

Pendant que d'affreuses affiches jaunes auxquelles il était fait écho pour les *petites affiches* et pour la quatrième page des journaux, annonçaient sa prochaine mise en vente et celle des meubles le *garnissant* sur la mise à prix de cent-soixante-quinze mille francs. Ce délicieux sanctuaire qui aurait dû être pour les amants un but de pieux pèlérinage était en proie à une incessante procession de visiteurs et sur cent curieux indiscrets et inutiles, à peine on comptait un acquéreur ayant véritablement la pensée d'acheter. Durant l'espace d'une quinzaine, il devint de mode, non-seulement dans le monde élégant, mais aussi parmi les lorettes et la bourgeoisie sans cesse occupées à contrefaire les façons et les mœurs de l'aristocratie, de s'abattre sur ce charmant ermitage que les premiers jours de juin avaient mis en possession de toutes ses beautés champêtres. Excédé de la multiplicité de ces visites et des odieuses et insolentes remarques qui devaient aller troubler les mânes de sa chère maîtresse, le vieux Philippe prit enfin sur lui de n'admettre plus personne sans une permission écrite du notaire Cardot, chargé des affaires de la succession, et comme cette mesure de piété domestique était en même temps une mesure de bonne administration tendant à prévenir l'avilissement de l'objet mis en vente, cette impertinente affluence fut à la fin conjurée.

Le jour des enchères arrivé, Sallenauve, qui n'avait encore aucune idée de la manière dont tourneraient ses affaires de Londres, eut la douleur de ne pouvoir concourir à l'adjudication qui devait se faire expressément au comptant. Trois acquéreurs sérieux furent seuls sur les rangs : 1° le duc de Rhétoré, frère de Louise de Chaulieu ; 2° Nucingen, auquel sa femme et sa fille, madame de Rastignac, avaient eu grande peine à persuader de faire cette mauvaise affaire, car la propriété, qui selon toute apparence devait être vendue au-delà des cent mille écus qu'elle avait coûtés, avec les immenses frais d'entretien qu'elle nécessitait, rapportait à peine une somme de deux mille livres de rentes; 3° enfin, un inconnu procédant par le ministère de maître Desroches. Celui-ci mena l'enchère jusqu'à trois cent deux mille livres, prix auquel fut faite l'adjudication.

Tout Paris sut le lendemain, parce que le secret fut confié au gars Bixiou, le nom de l'acquéreur vrai ; c'était le comte Halphertius dont la notoriété, depuis l'inauguration de la signora Luigia, était devenue d'autant plus retentissante, que personne ne pouvait dire en quel endroit on avait quelque chance de le rencontrer.

Dans le moment, tout le monde le croyait à Londres auprès de sa protégée tandis qu'au moyen d'une perruque et d'un faux collier de favoris blancs, Vautrin avait reconstitué M. de Saint-Estève qui, en attendant une nouvelle occasion d'éclater, s'était remis au paisible exercice de ses fonctions.

Tenu au courant de tous les faits et gestes de Vautrin, avec lequel il était resté lié bien plus étroitement qu'il ne voulait le laisser croire, le colonel Franchessini, aussitôt que le bruit de cette acquisition se fut répandu, alla trouver Rastignac, et saisissant cette fois encore, comme il l'avait fait à la tribune, l'occasion de jouer dans le jeu de son occulte ami :

— Eh bien ! mon cher ministre, dit-il, comment trouvez-vous que notre comte Halphertius profite des conseils de Votre Excellence?

— Mais, dit Rastignac, je le trouve un peu impertinent d'être allé sur les brisées de mon beau-père.

— Aussi maintenant que le coup de

trompette est donné et l'effet produit, m'a-t-il chargé de faire offrir par vous, au baron, de reprendre son marché, si cela pouvait vous être agréable.

— Non, dit Rastignac, je n'ai pas envie d'entrer avec lui en relations d'affaires, et cette offre est encore de sa part une habileté à laquelle je ne suis pas assez simple pour me laisser prendre. D'ailleurs, rigoureusement, il était dans son droit, il joue la partie que je lui ai indiquée, et je suis curieux de savoir comment il mènera jusqu'au bout la gageure. Probablement, il va faire de ce cottage le nid de la signora Luigia, quand elle sera revenue de Londres.

— C'est présumable, répondit le colonel, si toutefois avec l'indépendance que le legs de lord Lewin paraît devoir créer à la *diva*, l'idée ne lui vient pas de se montrer ingrate et de rompre avec son protecteur.

— Ce serait pour elle, fit remarquer le ministre, une inspiration heureuse, car la pauvre femme, il faut en convenir, est étrangement fourvoyée. On la dit remarquable de toutes les manières. Probablement elle voudra débuter cet hiver aux Italiens, et en l'y aidant comme j'y suis disposé, je ne sais vraiment pas si notre devoir d'honnête homme ne serait pas de l'aviser du guêpier dans lequel elle est tombée.

— Hum! répondit Franchessini, est-ce que nous aurions à son sujet quelques idées? Nous sommes pourtant bien jeunes mariés pour penser à des distractions.

— Non, dit Rastignac, mais il y a vraiment quelque chose qui répugne dans l'idée de ce misérable, déteignant à jamais sur une femme du talent et de la beauté qu'on dit.

— Mon Dieu répondit le colonel, saisissant l'occasion, il y a quelque chose de bien simple : ce serait d'employer selon ses vœux votre *élève*. Dans la circonstance, il fait preuve d'une habileté et d'une décision qui me paraissent vraiment bonnes à utiliser.

— Nous en parlerons, dit le ministre. Il faut une circonstance pour venir en aide à ma bonne volonté ; d'ici au mois de septembre, époque où notre virtuose sera libre de son engagement de Londres, j'aurai peut-être trouvé un moyen de tout arranger. Je n'oublie pas, mon cher colonel, que vous êtes condamné à ménager cet homme, et, en réalité, il constate sa vocation par des allures qui me disposent bien pour lui.

Dans le temps où avait lieu au ministère des travaux publics cette conversation, qui ne laisse pas d'ouvrir d'assez vastes perspectives, dans la ville d'Arcis s'accomplissait ce que, relativement à la dimension du cadre, on pourrait appeler de grands événements.

La candidature des Beauvisage et le pied que Maxime de Trailles avait pris dans leur maison n'avait pu laisser à Simon Giguet aucune illusion sur le succès de sa recherche matrimoniale. La fièvre des élections passée, une vive réaction d'amour-propre avait dû se faire chez le fier jeune homme, et un beau matin, comme réplique au vague mais désobligeant refus dont il s'était vu l'objet, il avait prié sa tante, madame Marion, d'aller demander pour lui la main

de mademoiselle Mollot ; ce qui, après
tout, n'était pas trop déchoir, car, on l'a
dit déjà, Ernestine était la beauté d'Arcis, comme Cécile Beauvisage en était
l'héritière,

Cette demande avait surpris les Mollot ; non pas qu'elle dût paraître au-dessus de leurs prétentions, puisqu'un moment Antonin Goulard, le sous-préfet,
avait été dans les rêves maternels de la
greffière. Mais si la recherche de Simon
Giguet n'était ni tout à fait inespérée, ni
tout à fait improbable, au moins, était-
elle très imprévue, et madame Marion
n'avait pu emporter qu'une réponse con-
ditionnelle, subordonnée à la ratifica-

tion d'Ernestine dont « en aucune manière on n'entendait violenter l'inclination. »

Pressentie sur la demande de l'avocat, mademoiselle Mollot s'était trouvée à son tour assez empêchée. D'abord, jamais sa pensée ne s'était tournée du côté de Simon Giguet, qu'elle savait aspirant ailleurs, et dans le prétendu qui s'offrait brusquement à elle, aucune de ses séductions victorieuses qui enlèvent d'assaut un consentement.

Peut-être aussi, en regardant bien au fond de sa pensée, Ernestine aurait-elle trouvé une certaine répugnance à s'arranger du rebut de Cécile, dont elle était trop l'amie pour ne pas être un peu sa rivale; mais comme les sentiments que l'on ne s'avoue pas sont précisément les plus habiles à faire leur toilette et à se parer de beaux dehors, elle tournait mieux les choses et se demandait s'il était convenable qu'elle vînt ainsi, toute chaude, à la succession de sa *chère* Cécile, même après l'expresse renonciation de celle-ci?

D'autre part, Simon Giguet était, sans contredit, l'un des jeunes gens les plus distingués d'Arcis; il avait eu des succès de barreau, s'était vu un moment sur le point d'arriver à la députation, et ses chances n'étaient pas à ce point évanouies qu'elles ne pussent un jour se reproduire;

dans tous les cas, Simon était bien apparenté, il avait de l'ambition, aspirait à Paris et ne se laisserait pas monter en graine sur le sol natal. C'était donc un de ces partis qu'on ne refuse pas non plus au premier mot. Dans sa perplexité, Ernestine eut une inspiration heureuse.

— Allons consulter la mère Marie-des-Anges, dit-elle à madame Mollot.

Le greffière trouva l'idée judicieuse et, un quart d'heure plus tard, la mère et la fille sonnaient à la porte des Dames Ursulines.

Le cas exposé :

— Mon enfant, dit la vieille supérieure, qui avait fait l'éducation d'Ernestine comme elle avait fait celle de Cécile Beauvisage et celle de toutes les filles un peu bien nées de l'arrondissement, il n'y a pas à hésiter : il faut donner les mains à ce mariage, où toutes les convenances d'âge, de famille, de fortune, se trouvent réunies. Simon Giguet est un garçon honnête, rangé, qui n'a pas eu et n'aura jamais de jeunesse. Ce n'est pas ce qu'on peut appeler un héros de roman, mais il sera bon mari, bon père, et certainement il a trop d'envie d'arriver pour ne pas parvenir quelque part. Prends-moi, ma chère enfant, ce *reste* de Cécile, et sois sûre qu'un jour viendra où elle sera au grand regret de ne pas l'avoir gardé pour elle.

— Vous croyez donc, ma chère mère, dit madame Mollot, que ce comte dont il est question pour mademoiselle Beauvisage?...

— Ce mariage, dit l'Ursuline en haussant les épaules, c'est la ruine du père, de la mère, de la fille, et il faut qu'ils aient de terribles péchés sur la conscience pour que le bon Dieu leur envoie un pareil châtiment.

— Vous m'épouvantez pour ma pauvre Cécile, dit Ernestine avec un sentiment vrai.

— Cécile est une enfant gâtée, répondit

la mère Marie-des-Anges; Beauvisage, un sot et un vaniteux, madame Beauvisage, une ambitieuse; où veux-tu, je te prie, que tout cela les mène?

— Mais vous me donniez tout à l'heure comme un mérite, dans M. Simon Giguet, sa passion d'arriver.

— Aux jeunes gens c'est un désir permis, répondit la religieuse surtout quand ils n'aspirent pas trop hors de leur sphère. Mais ces Beauvisage, quel vertige leur a pris! Le père a quarante-neuf ans; fils d'un fermier, après avoir fait dans le commerce des bonnets de coton une fortune insolente, il est devenu maire de son pays, et il croit encore que son étoile lui redoit! Ah! ils veulent aller recommencer leur vie à Paris; y briller, et pour guide dans cette belle équipée, ils choisissent un homme taré, et lui sacrifient l'avenir de leur fille! Je suis trop âgée pour assister à la fin finale, mais rappelle-toi, ma fille, ce que te prédit la vieille maîtresse d'école; tu verras un jour ces gens revenir à Arcis avec leur fortune aux trois quarts dissipée, le remords du malheur et peut-être de la perdition auxquels ils auront livré leur enfant, et la courte honte de leur folle entreprise; alors tu pourras voir par leur exemple ce que c'est que l'ambition mal placée et mal entendue.

— Chère mère, demanda Ernestine,

ayant de M. Simon Giguet une si bonne
opinion, comment se fait-il que vous lui
ayez été si peu favorable? Car enfin,
sans votre intervention en faveur d'un
étranger, il avait bien des chances d'être
nommé.

— Pas du tout; si je m'étais croisé les
bras, grâce aux intrigues de ce M. de
Trailles, c'était Beauvisage qui succédait
à François Keller, et l'échec pour Simon
Giguet était bien plus cruel. Entre lui et
M. de Sallenauve, je n'ai pas hésité,
parce que le second est un homme supérieur, et si je pouvais te le donner pour
mari, je ne te pousserais certes pas à
accepter le petit avocat. Mais M. de Sallenauve ne doigt pas de longtemps penser

au mariage; je le crois d'ailleurs, engagé quelque part; dans tous les cas, sa destinée me semble tellement hors ligne que jamais je ne conseillerai à personne de prétendre à le suivre dans son vol. Avec ce que je sais de son avenir, il est possible qu'il ne fasse que traverser la Chambre, et, lors d'une autre élection, à supposer que je fusse encore de ce monde, qui sait si je ne serais pas pour ton mari ce que j'ai été pour mon premier protégé ?

— Oh! chère mère, dit Ernestine, émerveillée, que vous êtes bonne !

— Tu entends, dit l'Ursuline, que je

ne prends pas d'engagement, car il ne va pas trop à mon caractère de me tant mêler des choses temporelles. Cependant, s'il s'agissait d'empêcher l'élection de ce stupide Beauvisage, je crois que tu pourrais compter sur moi. Du reste, le secret le plus absolu sur ce que je te laisse ici entrevoir, et à M. Simon Giguet, surtout, pas un mot.

Soutenus de pareils encouragements, les conseils de la mère Marie-des-Anges ne pouvaient manquer leur effet, et, le même jour, madame Marion recevait la visite de madame Mollot venant lui annoncer que la recherche de son neveu était accueillie.

Le fait de ce mariage une fois connu, nous n'entrerons pas dans le détail de toute la petite trigauderie de cœur humain dont il devint l'occasion. Nous ne montrerons pas madame Marion, sous le prétexte de remplir un devoir de bonne amitié et de convenance, s'empressant d'aller faire à madame Beauvisage une triomphante communication qui, au fond, voulait dire : Vous voyez, chère madame, que tout le monde ne dédaigne pas mon neveu, et qu'il y a encore des gens assez empressés d'accepter notre alliance.

De même, nous n'irons pas au fond des secrètes pensées de madame Beauvisage, et sous les félicitations empressées qu'elle adresse à son amie, nous ne chercherons pas à démêler un certain dépit de voir Simon Giguet si beau joueur et si leste à se consoler.

Entre les deux jeunes filles, nous prétendrons encore moins à l'analyse de nuances infiniment plus subtiles, et la loupe à la main, à travers leurs protestations d'une amitié inaltérable, nous n'essayerons pas de surprendre le mécompte de Cécile trouvant bien empressée et bien impertinente la rapide hospitalité donnée à un soupirant à peine échappé de ses mains, cependant qu'avec une comédie d'humilité parfaitement bien jouée, Ernestine s'empressait de reconnaître que Simon Giguet était un parti tout au plus bon pour elle, et que l'opulente mademoiselle Beauvisage était réservée à un bien autre éclat.

Dans l'intérêt du récit, ce qu'il importe de constater, c'est que madame Marion désira entourer la célébration du mariage de son neveu de toute la splendeur possible. En conséquence, avec mademoiselle Mollot, elle concerta le projet d'une excursion à Paris, afin d'y faire les emplettes nécessaires. Mademoiselle Mollot, en l'absence de sa mère, ne pouvait convenablement recevoir les soins de son prétendu, et, d'autre part, au point où l'on en était, l'ostracisme de Simon Giguet devenait une autre étrangeté; pour tout concilier, il fut décidé qu'Ernestine serait du voyage. Le moment fixé pour le départ coïncidait avec celui où était attendu le dénoûment de l'intrigue ourdie à la Chambre contre Sallenauve; l'occasion de la compagnie qui s'offrait à madame Beauvisage, la décida à faire vers Paris une de ces échappées dont, à une autre époque, dans un intérêt non politique, on peut se rappeler qu'elle avait eu l'habitude. Arcis allait donc dans la même journée voir tomber les plus belles fleurs de sa couronne, et c'était une véritable émigration champenoise qui s'opérait.

Avisé de la venue de sa future belle-mère, Maxime de Trailles, dès qu'elle fut arrivée, s'empressa de venir se mettre à sa disposition, et il n'eut pas de peine à lui persuader que dans cet humble hôtel de la rue Montmartre, où se trouvaient parqués ces gens de campagne dont elle avait fait une machine de guerre contre Sallenauve, elle ne serait pas convenablement posée pour donner suite aux relations élégantes et élevées qu'il se proposait de lui ménager.

Par ses soins, elle fut donc installée dans un hôtel infiniment plus confortable de la rue de la Paix, et, dans ce procédé d'isolement, commença d'apparaître la profonde ligne de démarcation que, peu à peu, l'avenir promettait de tracer entre la propriétaire de l'hôtel Bauséant et son ancien monde d'Arcis.

La curiosité, l'une des plus ardentes passions provinciales, n'est pas fière quand il s'agit de se contenter; madame Marion et madame Mollot avaient vu d'assez mauvais œil l'espèce de désertion pratiquée à leur préjudice, toutefois afin de savoir la façon dont celle qu'elles se prirent à appeler *la pédante* se gouvernait avec son futur gendre ; afin de rester au courant du monde dans lequel il la faufilerait ; en un mot, afin de perdre le moins possible la trace de ses pas et démarches, elles s'entendirent, et, en quelque sorte, se relayèrent pour la voir fréquemment. Profiter des loges de spectacle qui lui étaient adressées par Maxime, et visiter avec elle les curiosités pour lesquelles il envoyait des billets devenait ainsi une assez douce violence que ces bonnes chattemites se firent volontiers.

C'est ainsi qu'à la séance de la Chambre à la suite de laquelle M. de Trailles fit son incartade, outre sa future belle-mère il s'était vu dans la nécessité de traîner la greffière et sa fille ; une migraine venue à propos l'avait pourtant dégrevé de madame Marion et pour cette fois avait réduit à trois le troupeau de femmes dont constamment il était condamné à se constituer le pasteur officieux.

Le séjour à Paris de ces fâcheuses fut environ d'une quinzaine, et le lecteur peut se figurer si, durant cet intervalle, leur correspondance avec Arcis fut active. Madame Marion avait à écrire à son neveu; madame Mollot à son mari; Ernestine à son amie Cécile; de son côté, madame Beauvisage avait à tenir le vieux Grévin au courant de ses démarches, et, parfois aussi, elle écrivait à sa fille et à son mari. Nous n'avons certes pas l'intention de recueillir la volumineuse collection de ces nouvelles *Provinciales* dont le moindre défaut est de ne pouvoir être attribuées à Pascal. Mais deux ou trois de ces lettres se trouvent contenir des détails utiles à la suite de ce récit, et, ces détails, nous aurions été obligés de les donner à notre compte. On nous permettra donc de citer quelques fragments de cette correspondance. Il va sans dire que nous userons avec une sobriété extrême de la liberté qui nous est faite à ce sujet.

CHAPITRE SEPTIÈME

VII

Lettres provinciales.

Le lendemain de la séance où l'élection de Sallenauve avait été validée, madame Beauvisage écrivait à son père, le
vieux Grévin :

« Cher père, votre *Constitutionnel* vous

aura appris la manière dont M. notre député s'est tiré de son mauvais pas. Cette drôlesse et son acolyte, que nous avions comblés, et qui, pendant leur séjour à Paris, ne nous auront pas coûté moins de dix francs par jour, au dernier moment sont passés à l'ennemi. Se sentant perdu, le sieur Sallenauve leur a détaché son âme damnée, Jacques Bricheteau. Le malheur a voulu que nous les eussions adressés à cet hôtel de la rue Montmartre, où, connaissant que tous ceux d'Arcis descendent, ce misérable organiste a eu l'idée d'aller les chercher. Le coup s'est fait après mon départ pour la Chambre. M. de Trailles, qui nous accompagnait, moi et les dames Mollot, était venu nous prendre de bonne heure afin que nous *soyons* bien placées ; profitant de mon absence, l'agent du sieur Sallenauve est venu offrir à ces vilaines gens des sommes fabuleuses, et alors ils se sont désistés.

» Mais M. le député n'a pas porté loin son triomphe, et, comme vous pourrez le voir dans une lettre qu'il a eu la bêtise de faire insérer dans les journaux, M. de Trailles, au sortir de la séance, ne l'a pas marchandé. Sous prétexte qu'il a eu un duel il y a quelque temps, ce monsieur a fait le plongeon avec M. Maxime et avec un pair de France qu'il avait osé attaquer dans son discours ; je vous assure que cette lâcheté lui fait grand tort dans l'opinion, et on croit généralement qu'il ne pourra pas continuer de siéger à la Chambre.

» J'ai donc toujours bien fait de venir ici pour mettre les fers au feu de l'élection de Beauvisage, qui, d'un moment à l'autre, peut revenir sur le tapis.

» M. de Trailles n'est pas d'avis que je reste dans ce petit hôtel borgne où je suis descendue avec ces dames. Il dit que devant me mettre en relation avec des personnes très haut placées, dont je puis avoir des visites à recevoir, je ne serais pas convenablement; il m'a loué, rue de la Paix, à l'hôtel Mirabeau, un petit entresol qui ne sera pas très cher, et là au moins on pourra venir me chercher.

» M. de Trailles m'a offert sa voiture pour tout le temps que je serai ici, et il dit que cela ne le prive pas parce qu'il a son tilbury, mais je n'ai pas trouvé convenable d'accepter, ne voulant pas m'engager avec lui plus que nous ne le sommes.

» Ce n'est pas que je me figure que nous pourrions trouver mieux pour Cécile, car un homme titré et qui aurait de la fortune, ne voudrait pas de la fille d'un industriel. Mais ce qu'il a commencé, il faut qu'il le finisse, et il n'a pas à espérer de devenir notre gendre qu'il n'ait fait nommer Beauvisage ; puisqu'il nous a mis cette idée de la députation en tête, c'est à lui de mener la chose à bien.

» Êtes-vous d'avis, mon cher père, que j'aille chez le comte de Gondreville, et que je demande à être présentée à madame. Je vous fais cette question parce je suis encore à m'expliquer la conduite que votre vieil ami a tenue dans l'affaire de l'élection, où, après la visite qu'il a faite à la mère Marie-des-Anges, il a tout d'un coup abandonné mon mari et vous a décidé à faire comme lui.

» Je sais bien que Beauvisage n'est

pas un aigle ; tant s'en faut ; mais il a de la tenue, de la bonne mine, et, quand je le compare à tous ces députés que j'ai vus hier et parmi lesquels il y en a qui sont vêtus comme des malheureux et qui ne représentent pas du tout, je me dis que, pour voter, il est mieux que beaucoup d'autres, en ce qu'il a l'air d'un bourgeois aisé, et, en parlant peu, il peut avoir des succès, même auprès des femmes, dans un salon.

» Je dois vous faire, même à ce sujet, une confidence, c'est qu'après ce qui s'est passé à Arcis avec cette demoiselle Antonia, je crois qu'il aura besoin d'être surveillé. J'ai vu hier à la séance de la

Chambre plusieurs créatures de la même espèce qui m'ont été signalées par M. de Trailles; vêtues comme des reines, elles occupaient les meilleures places dans les tribunes et échangeaient avec MM. les membres de la représentation nationale, de petits saluts et des sourires qui m'ont beaucoup étonnée. Mais je veillerai sur Beauvisage qui, étant très neuf pour la vie de Paris, nous a montré dans la circonstance où je l'ai surpris, qu'il pourrait facilement se laisser détourner de ses devoirs, et M. de Trailles m'a bien promis de le guider au travers de tous ces écueils.

» Adieu, mon bon père; aussitôt que

j'aurai quelque chose de nouveau, je m'empresserai de vous le mander. Croyez en attendant au respectueux attachement de votre fille bien affectionnée. »

Quelques jours plus tard, le mot suivant était adressé à Simon Giguet, par sa tante, madame Marion :

« Mon cher Simon, je n'ai rien à te dire de la séance où le fameux M. Sallenauve a obtenu de ne pas être chassé de la Chambre. Ces dames Mollot et Beauvisage y étaient, et elles n'ont pas trouvé qu'il ait très bien parlé; moi, j'étais retenue à l'hôtel par une de ces migraines que tu sais; mais M. de Trailles, qui est très galant pour madame la mairesse, m'a eu depuis un billet à sa considération, et j'ai assisté à l'une des plus chaudes séances de l'adresse, où j'ai entendu Thiers, Berryer, Odilon Barrot, Canalis, Vinet, Topinot, Léon Giraud. Je t'avouerai que je n'ai pas été émerveillée de tous ces orateurs, et ton discours sur le *Progrès*, le jour de la première réunion des électeurs, m'a paru au moins aussi bien que tout ce qui s'est dit là.

» Ne te figure pas que mon jugement soit dicté par l'affection maternelle que je te porte. Au contraire, en arrivant, je m'attendais, sur la réputation de tous ces hommes dont on parle tant, à des choses qui m'étonneraient ; mais vrai, et sans flatterie, à mesure que les orateurs montaient à la tribune, je comparais, et j'étais obligé de me dire à moi-même : Certainement, mon Simon parle aussi bien que cela. Pour M. de Sallenauve, il n'a pas osé s'aventurer au milieu de tous ces talents, et il a, je crois, été charmé de l'excuse qui lui a été donnée par la mort d'un de ses amis pour se dispenser de prendre la parole.

» Si ce que rapportent les journaux est vrai, le voilà à la tête d'une grande fortune, et quoiqu'il n'ait pas fait une très bonne figure dans une rencontre qu'il a eue avec M. de Trailles, son argent le rend un adversaire encore plus redoutable pour toi.

» Madame Beauvisage, qui se flattait qu'il ne pourrait pas tenir à la Chambre, et qui voyait déjà son mari nommé, est tout ébouriffée de la nouvelle de cette fortune qui lui tombe, et la voilà un peu plus réservée dans ses espérances, qu'elle ne se donnait pas trop la peine de cacher devant moi.

» Il est sûr que ce M. de Trailles est un intrigant qui a le bras long, et, dans son désir d'épouser Cécile, il remuera ciel et terre pour faire nommer Beauvisage, qui devient aussi un concurrent

dangereux. Il faudrait un changement
de ministère, et que les hommes de ton
opinion vinssent au pouvoir ; mais cela
n'a rien d'impossible : espérons.

» Dis à mon frère qu'au Luxembourg
j'ai vu une collection de bien belles roses
et que la rose Giguet y figure avec honneur.

» Il serait désirable que ton père,
après ton mariage, vint faire ici un tour
avec toi et ta femme ; il renouerait avec
beaucoup d'anciennes connaissances qui
ont du crédit, car ce gouvernement-ci
fait beaucoup la cour aux hommes de

l'empire, dont la popularité lui paraît bonne à accaparer.

» Pour lemoment, ce qui doit nous occuper, c'est l'affaire de ton mariage ; c'est je crois, une bonne idée que tu as eue là. Ernestine fait de l'effet, même à Paris, et je suis très contente de son caractère. Au lieu de pousser à la dépense dans les achats que nous faisons, elle trouve toujours que tout est trop beau, et les choses les plus simples sont celles qu'elle préfère ; cela annonce un très bon esprit. Nous ne l'écoutons pas trop parce qu'il nous faut de l'effet et que nous ne voulons pas être au-dessous de ce qu'on se serait attendu à voir si tu avais épousé

Cécile. Cette résignation que cette petite bégueule montre à devenir madame de Trailles ne prouve pas en elle quelque chose de bien sain. Elle ne pense qu'à briller et à pouvoir s'appeler madame la comtesse; nous verrons comment tournera son mariage, s'il se fait, car tant qu'on ne sera pas en possession de la députation, je crois qu'on tiendra la dragée haute à M. le soupirant. Il jouit ici d'une assez pauvre renommée, et si j'avais une fille, je ne la lui donnerais pas; mais l'ambition tourne la tête à ces Beauvisage; et s'il fallait, pour obtenir l'appui de ce beau monsieur, que Séverine se laissât faire par lui un doigt de cour, je pense qu'il ne serait pas plus malheureux que notre ancien sous-préfet, M. de Chargebœuf, qu'on dit à Paris, mais que nous n'avons pas entrevu.

» Adieu, mon cher Simon, soigne-toi et pense à ta vieille tante. Nous sommes encore ici pour une huitaine. Madame Mollot veut tout voir et nos emplettes souffrent souvent de sa curiosité, qui nous fait perdre beaucoup de temps. Tu feras bien, une fois marié, de ne pas trop lui laisser d'empire sur sa fille. Ceci bien entre nous, car au fond ce n'est pas une mauvaise femme, à cela près qu'elle serait capable de faire battre des montagnes. Bien des choses au gros Mollot et mes amitiés à mon frère. Pour toi, cher Simon, tu sais ce que je te suis. »

Madame Mollot prit à son tour la parole, et voici ce qu'elle écrivait à son mari le greffier :

« Mon gros poulet, j'en ai long à te dire, car j'ai laissé à Ernestine le soin de te donner de nos nouvelles. Tu sais que je n'aime pas à prendre la plume, et que je suis plus forte *la langue à la main*. Mais, une fois que j'y suis, ce n'est pas pour peu, et tu en auras de quoi lire pendant toute une audience, tandis que MM. les avoués s'escrimeront.

» Je te dirai d'abord que Paris ne m'a pas très étonnée, et tu conviendras toi-même qu'il y a beaucoup de quartiers qui ne valent pas notre petite ville. Ensuite les courses sont d'une longueur terrible, et, quand on veut tout voir, les jambes n'y suffisent pas. Il y a bien les *omnibus*; mais jamais ils ne vont dans le sens où vous avez besoin, et puis la société y est si mêlée, et les hommes vous regardent dans le blanc des yeux d'une manière si effrontée, que je n'aime pas à me servir de ces voitures. Nous sommes montées aujourd'hui à la colonne de Juillet, d'où on a une très belle vue, et de là nous avons été visiter le Jardin-des-Plantes ; j'y ai bien ri des singes ; il y en a un qui ressemble comme deux gouttes d'eau au vieux Gondreville, et un autre à Achille Pigoult; si ce n'est qu'il ne porte pas de lunettes.

» La belle madame Beauvisage ne s'est pas trouvée logée comme il convenait à une femme de son importance dans l'hôtel où nous sommes descendues, et tu sais sans doute qu'elle est allée dans le grand quartier, rue de la Paix. Elle aurait été enchantée d'être débarrassée de nous, vu quelque chose que je te conterai tout à l'heure ; mais pas si simple que de lui faire ce plaisir ; et nous sommes sans cesse à lui rendre *nos devoirs* et à l'accabler de nos visites, comme si nous ne pouvions nous passer d'elle, d'autant plus que son futur gendre l'entretient de loges de spectacles et de billets pour tous les monuments ; et en attendant qu'elle soit devenue tout à fait grande dame et qu'elle ose rompre avec ses anciennes connaissances, nous profitons de toutes les politesses faites aux beaux yeux de la dot de sa fille. Tiens! nous serions bien bonnes de nous en priver!

» Nous sommes allées avant-hier à l'Opéra, où l'on donnait la *Muette de Portici*. Le premier coup d'archet dont on parle tant n'a rien de si extraordinaire; mais l'éruption du Vésuve est quelque chose de très marquant; c'est une belle horreur. Pendant l'entr'acte, Ernestine, qui a ses yeux de dix-huit ans, me dit tout à coup, à voix basse, en me poussant le coude : Tiens! M. de Chargebœuf! et, en effet, je vois à l'orchestre un homme ayant pris du ventre et les cheveux grisonnants, mais pas assez changé pour qu'on ne le reconnaisse pas. Tiens! fais-je à mon tour, mais à haute voix, M. de Chargebœuf, notre ancien sous-préfet! Madame Beauvisage, là-dessus, de devenir excessivement rouge, et de dire d'un air à n'y pas toucher : Où donc le voyez-vous? Je lui montre le *jeune homme* à sa place, le dos tourné à la toile, et justement lorgnant de notre côté.

» Le petit mouvement fait dans notre loge, qui était découverte et très en vue, avait sans doute attiré l'attention de l'ancien adorateur, car, un instant après, nous le voyons, quitter sa stalle, et un petit coup frappé à notre porte nous annonce une visite.

» Ce ne devait pas être M. de Trailles ; il n'avait pu avoir place avec nous, la loge n'étant que de quatre, et nous le voyions en face, dans une avant-scène, qu'un monsieur placé au-dessous de nous, à la première galerie, avait désignée sous le nom de la loge *infernale*. Placée près de la porte avec Ernestine, je pousse le pène de la serrure, et voilà l'ex-sous-préfet se récriant de trouver là réuni presque tout son ancien arrondissement.

» D'abord il s'adresse à madame Marion comme à la plus âgée et à la plus respectable, demande des nouvelles du colonel Giguet, s'informe comment tu te portes, mon gros poulet, trouve Ernestine grandie et embellie, et ce n'est qu'à la fin qu'il arrive à la santé de M. Beauvisage et de mademoiselle Cécile.

» Se voyant assez froidement accueilli de ce côté, il ne prolonge pas très longtemps sa visite, qu'il était d'ailleurs obligé de faire de dedans le corridor, et nous demande où il pourra aller nous présenter ses hommages? Madame Marion et moi ne marchandons pas à lui donner notre adresse, rue Montmartre, *hôtel de l'Aube.*

» Se figurant que nous sommes toutes logées dans la même maison, notre homme se retire, et le lendemain, sur les midi, on l'annonce chez madame Marion, où je me trouvais pour l'instant avec Ernestine.

» Après un peu de conversation, où il nous apprend que, n'ayant pas voulu servir le gouvernement de juillet, il a un emploi supérieur dans l'administration du chemin de fer d'Orléans, de l'air le plus indifférent qu'il peut : — Madame Beauvisage, arrive-t-il à dire, ne loge donc pas avec vous dans cette maison ? — Non, dit madame Marion ; mais comment savez-vous cela ? — J'ai demandé vos trois noms au portier, qui m'a ré-

pondu que madame Beauvisage était
bien descendue ici, mais qu'elle n'y demeurait plus. Effectivement, dis-je alors,
madame Beauvisage ne s'est pas trouvée
assez aristocratiquement dans cet hôtel
et elle s'est transportée rue de la Paix,
hôtel Mirabeau. — C'est donc ça, dit
l'ex-sous-préfet, que je l'ai vue hier
soir, se séparant de vous, et montant en
voiture avec un monsieur que je n'aurais jamais cru de sa connaissance? —
M. le comte Maxime de Trailles? dit madame Marion. — Précisément; mais
comment est-elle dans cette intimité avec
un des lions de Paris? — Ah çà! reprisje, vous ne savez donc rien de la politique? — La politique? dit M. de Chargeboeuf, d'un air étonné. Sans doute, et

alors nous lui racontons les affaires électorales d'Arcis, le voyage de M. de Trailles et les projets de mariage avec Cécile. Le pauvre homme tombait de son haut.

» Après toute cette narration il ne resta que le temps qu'il fallait pour n'avoir pas l'air de courir chez son ancienne passion ; mais on voyait que les pieds lui grillaient.

» Le même jour nous vîmes la pédante, à laquelle nous demandâmes si elle avait eu sa visite ; elle nous répondit négligemment que non et passa aussitôt à un autre sujet de conversation.

» Le surlendemain, nouvelle visite de l'ex-sous préfet. Il était furieux ; deux jours de suite, et plusieurs fois dans la même journée, il s'était présenté à l'hôtel Mirabeau, et toujours visage de bois ; mais ce qui le piquait le plus, c'est qu'au moment de sa dernière visite, il avait vu arriver M. de Trailles, et qu'ayant eu l'idée de voir si celui-là serait reçu, il l'avait aperçu montant chez la Beauvisage, sans même demander si elle était chez elle, ce qui prouvait qu'il se savait attendu, tandis que lui, Chargebœuf, était l'objet d'une consigne.

» Madame Marion fit la bonne chienne et eut l'air de vouloir excuser madame la maîtresse; mais plus elle prenait son parti, plus l'autre s'exaltait, si bien que, sans aller jusqu'à avouer des relations intimes, il finit par laisser échapper certains mots d'où il résulterait qu'un attachement de cœur très chaud, quoique platonique, aurait existé entre lui et madame Beauvisage, dont il ne pouvait dès lors s'expliquer le procédé.

» Le même jour, nous vîmes madame Beauvisage, et madame Marion lui transmit les doléances de son ancien soupirant; à quoi madame Beauvisage répondit qu'elle ne voulait pas voir recommencer les sots propos qui avaient couru dans le temps. D'où tu t'imagines que tout est bien fini entre elle et l'ex-sous-préfet.

» Eh bien ! mon gros poulet, apprends à connaître les femmes, et dis-moi si tu n'es pas bien heureux d'être tombé sur une qui n'a jamais pensé à abuser de ta simplicité.

» La scène de désespoir que M. de Chargebœuf était venue faire chez madame Marion était pour nous dépayser; ainsi que je l'ai su par un billet tombé de la poche de madame Beauvisage, dans un fiacre qui nous ramenait hier soir de l'Odéon, M. de Trailles, la Beauvisage Ernestine et moi ; madame Marion s'était sentie fatiguée et avait préféré se coucher de bonne heure.

» Après que nous eûmes déposé cette vertu à son hôtel, je sens un papier sous mes pieds, naturellement je le ramasse sans rien dire à personne, et, rendue chez moi, j'y lis textuellement ces mots :
« Chère Séverine, j'ai été faire tantôt,
» chez les provinciales, la comédie d'a-
» mant malheureux que tu avais exigée.
» Si elles se doutent maintenant de quel-
» que chose, je veux être à jamais privé
» de ta tendre affection. A demain, tu
» sais que nous dînons ensemble; ren-
» dez-vous à cinq heures, au débar-
» cadère du chemin de fer de Saint-

» Germain. Ton fidèle et affectionné

» Melchior de Chargeboeuf. »

Paris, 17 juin, cinq heures.

» Tu comprends, mon gros poulet, que j'ai trouvé assez insolente cette manière de se moquer de nous, et de vouloir faire l'honnête femme aux dépens de notre crédulité. Attends! pensai-je, ma belle, on va te rendre la monnaie de ta pièce. Je mets alors le billet sous enveloppe, en déguisant mon écriture, et je le porte moi-même, avec cette lettre que je t'écris, à la poste, en l'adressant à M. de Trailles, qui m'a bien l'air aussi de tourner autour de madame la mairesse.

» Tu me diras que la farce est un peu forte et qu'elle peut amener bien du grabuge, mais est-ce qu'on lui demande ses secrets à cette pédante, et puisqu'elle monte des coups, pourquoi donc n'en monterais-je pas aussi? D'ailleurs M. de Trailles n'en apprendra pas plus qu'il n'en sait déjà lui et tout Arcis, et puisqu'il est le gendre, ça se passe en famille : mais il verra au moins la valeur des coquetteries que lui fait cette bégueule et comme toutes ses attentions sont bien employées.

» Nous ne serons peut-être pas ici assez longtemps pour assister à la fin du mélodrame, car nous ne resterons pas maintenant plus de trois jours, et je t'é-

cris que tu ne me dises pas en arrivant
que je n'ai pas pensé un instant à mon
gros poulet. La Beauvisage ne revient
pas avec nous. Tu comprends pourquoi ;
mais le prétexte est une audience de
M. de Rastignac que M. de Trailles doit
lui faire toujours avoir et qui ne vient
jamais.

» Toutes nos emplettes sont à peu près
faites, madame Marion n'a rien trouvé
d'assez beau pour Ernestine, et ce sera
une mariée comme on n'en voit guères
dans notre endroit ; mais, entre nous, la
vieille bonne dame n'est pas amusante,
et je ne suis pas fâchée que le tête-à-tête
finisse. Dis bien des choses tendres de
notre part au futur, et, comme de raison,

ne parle à personne, jusqu'à nouvel ordre, de ma petite confidence. Je n'en ai pas ouvert la bouche à madame Marion, qui est trop collet-monté pour m'approuver. Tu as ronflé à ton aise, mon gros poulet, pendant ces quinze jours; mais tout a une fin, et il faudra te gêner un peu pour celle qui se dit pour la vie ta femme affectionnée,

» Sophie Mollot. »

CHAPITRE HUITIÈME

VIII

Un coup de Providence.

Avant de dire les conséquences du charitable envoi de madame Mollot, un mot sur la situation de M. de Trailles, laquelle en ce moment se passionnait beaucoup.

Après les échecs successifs qu'il avait subis dans ses tentatives pour ruiner la fortune de Sallenauve, il se sentait mal posé auprès de Rastignac, qui avait fini par lui faire entendre qu'il le tenait pour un agent moins habile que compromettant.

Et cependant, pour l'heureux dénoûment de son entreprise matrimoniale, force lui était de se maintenir une apparence de crédit dans les hautes régions du pouvoir; c'est ainsi qu'il avait été conduit à promettre à madame Beauvisage de lui procurer une audience de *son ami* le ministre, au moment où il n'aurait pas été sûr de l'obtenir pour lui-même et quand, d'ailleurs, loin de rechercher une occasion de se rencontrer avec Rastignac, il avait une raison particulière de s'en tenir à distance et de l'éviter.

On se rappelle en effet que, dans le courant de mars précédent, déjà acculé à de pressantes nécessités, le comte Maxime de Trailles avait négocié un emprunt de vingt-cinq mille francs.

Voulant être payé et désirant que son nom n'intervînt pas dans des poursuites judiciaires qui n'avait rien que de probable, Rastignac, le prêteur réel, avait eu soin de mettre au nom du banquier du Tillet la lettre de change qu'il avait fait souscrire comme gage de la créance.

Ce titre commercial, cela va sans dire, était à quatre-vingt-dix-jours ; or, il est une remarque que plusieurs de nos lecteurs ont peut-être faite comme nous.

On parle des chevaux de course, de la vapeur ; mais quelque chose encore de plus vite, c'est une échéance. Quand un homme trouve que le cours de sa vie n'est pas assez vivement accentué, il a un moyen bien simple de le précipiter. Qu'il souscrive une lettre de change, un billet à ordre, et aussitôt, sur l'aile de la dette à terme, les jours, les semaines, les mois, de prendre leur course qui a l'air de supprimer le temps et l'espace, et, rapide comme un boulet de canon, vient jeter à la gueule de l'exigibilité le débiteur éperdu.

Telle était alors la position de Maxime : la terrible échéance allait sonner ; et indépendamment des autres chapitres en souffrance de son budget, il se sentait une dette criarde de mille louis, et aucune espèce de ressource pour la rembourser.

A la suite d'une intervention heureuse dans l'élection d'Arcis, rien de plus simple que sa libération : un bon sur la caisse des fonds secrets en eût fait l'affaire, et c'est à cette chance qu'il s'était fié.

Mais, après sa malheureuse campagne, le moyen de prétendre à une pareille simplification?

Pour créancier du Tillet, homme naturellement impitoyable et dont il avait en plus d'une occasion froissé l'amour-propre; pour perspective, la condition d'une bête fauve incessamment traquée par les gardes du commerce, peut-être le *riant exil* de Clichy; dans tous les cas, à la suite d'un déplorable éclat, la ruine de ses espérances d'établissement; voilà quel était pour le moment l'horizon de M. de Trailles; on ne s'étonnera donc pas de tous les expédients plus ou moins violents qui s'étaient présentés à son esprit.

D'abord il avait voulu aller trouver
Rastignac et tâcher de l'apitoyer; mais
outre que cette démarche répugnait à sa
dignité, il était peu probable qu'elle eût
été suivie de succès.

Rastignac était dur en affaires. Eleve
à l'école de Nucingen, il n'y avait pas
appris la facilité et la miséricorde; d'ailleurs, venu de très loin, comme tous les
gens qui ont eu les commencements difficiles, il n'avait pas pour les malheurs
d'autrui de grands trésors de sympathie;
il devait plutôt voir avec un certain plaisir l'abaissement de l'homme qui planait dans les régions supérieures, alors
que lui-même pataugeait à ras du sol

dans les ténèbres de la maison Vauquer.

Si on ne pouvait espérer la clémence du ministre créancier, ne pouvait-on pas essayer, en le prenant haut avec lui, de l'aborder par le côté de la menace et de l'intimidation ? Ce moyen était peu sûr ; Rastignac savait la force de sa position, peut-être même il se l'exagérait, et il n'était pas d'ailleurs d'un naturel à prendre facilement l'épouvante.

Venant alors à se rappeler les ardeurs de dévoûment qu'il avait excitées jadis chez quelques femmes et exploitées tête levée ; ayant une fois décidé madame de

Restaud (voir *Gobseck*) à mettre pour lui ses diamants en gage : non pas une fois, mais cent fois, mais toujours, ayant puisé en maître dans la bourse d'une célèbre fille entretenue connue sous le nom de la *Belle Hollandaise*, Maxime dans son désespoir se demandait s'il ne devait pas essayer sa force de fascination sur madame Beauvisage, traverser par la mère pour aller à la fille et chemin faisant, obtenir qu'en avancement de dot l'incestueux délire qu'il aurait provoqué, le mit en possession de la somme qui lui faisait défaut. Quel magnifique fait d'armes à ajouter aux *Victoires et Conquêtes* de la rouerie transcendante, et quelle couronne à placer sur ses cheveux blanchis mais teints !

Malheureusement, madame Beauvisage était une pecque provinciale, et, avec cette espèce de femmes timorées et à idées étroites, quelle apparence d'oser aborder une entreprise aussi ardue!

L'ancienne bonnetière ne devait-elle pas se révolter à l'idée seule du partage d'un même cœur avec sa fille, et, une fois obtenues, ses bontés ne deviendraient-elles pas tenaces et égoïstes jusqu'à se mettre en travers du mariage dont elles ne devaient être, pour parler comme au Palais, que le moyen préjudiciel?

Mais la demande des vingt-cinq mille

francs surtout, comment serait-elle prise?
La formuler, c'était évidemment s'ôter
tout crédit, accuser une de ces situations
désespérées devant lesquelles recule la
bourgeoisie, même la plus ardente à se
frotter de noblesse, c'était courir en un
mot, le danger de tout perdre en essayant de tout gagner.

De surcroît était arrivée la complication de M. de Chargebœuf, dans lequel, malgré toutes les finesses et dissimulations féminimes, un homme de
l'expérience et du coup d'œil de M. de
Trailles n'aurait pas manquer de démêler un rival heureux, quand même, avec
ce qu'il savait du passé, il eût eu chance
de s'y tromper, et de prendre une suite

et continuation de chapitre pour un chapitre nouveau.

Ainsi, à tous les embarras du lion aux abois, aucune issue ne semblait possible, lorsqu'en entrant chez lui, son vieux valet de chambre Suzon lui remit respectueusement sur un plateau la lettre de la greffière.

En lisant la compromettante pièce qui lui parvenait, Maxime eut une illumination. Sans se bien rendre encore compte de l'usage auquel il tournerait cette arme tombée tout à coup dans sa main, il sentit que là était le salut; son mariage fait, sa lettre de change acquittée, en un mot la solution de son problème, tout parut pour lui se déduire de cette officieuse communication.

Maintenant, comment lui faire porter ses fruits, sous quelle forme en extraire la vénéneuse quintessence? Restait cette question à résoudre.

Quelque butor à la main lourde et brutale n'y eût pas mis tant de façons.

Il eût été trouver madame Beauvisage et lui eût dit : je sais tout, je puis tout conter; il me faut tant et tant pour me taire; voyez si cela vous convient?

Mais, en toute rencontre, le comte Maxime se piquait d'élégance ; s'il ne regardait pas grandement au fond, il avait souci de la forme ; bourreau de salon, il n'égorgeait qu'en gants blancs et en s'y prenant avec grâce.

Avant toute chose, une curiosité le préoccupa : il voulut savoir qui lui avait rendu ce signalé service, et comment la bienheureuse lettre lui était parvenue. On comprend en effet que, sur ses déterminations ultérieures, la découverte de ce mystère pouvait avoir une certaine action.

En déguisant son écriture, la greffière

avait cru se mettre à l'abri de toute recherche, mais elle n'avait pas fait attention à la date du billet qui d'abord attirait sur elle le soupçon.

Comme Maxime était un observateur profond, voici le raisonnement qu'il se fit :

« Pour avoir eu sur elle ce billet, il faut que madame Beauvisage l'ait reçu dans un moment où elle n'avait pas le loisir de le placer dans un meuble à l'abri des regards indiscrets. Hier soir, je suis venu la prendre pour la conduire à l'Odéon. Je suis entré chez elle assez brusquement et l'ai pressée vivement de descendre, parce que nous n'avions juste que le temps d'arriver pour le commencement de la pièce nouvelle. Le billet est daté d'hier, cinq heures, et il me parvient aujourd'hui d'assez bonne heure ; donc il a été perdu hier dans la soirée.

» Avec qui madame Beauvisage a-t-elle passé cette soirée ? Avec moi qui n'ai ramassé aucun papier, avec mademoiselle Ernestine qui, ayant trouvé celui-ci, n'aurait jamais pensé à la noirceur qui le met en mes mains, et enfin avec madame Mollot qui est personnellement très capable de cette perfidie, sans compter que dans les mœurs provinciales la gentillesse de la lettre anonyme se pratique sans aucun scrupule de con-

science, et devient une maladie endé-
mique à tout petit pays.

» En supposant que le billet ne fût pas tombé entre les mains de madame Mollot, il aurait donc justement été trouvé par quelqu'un qui, ayant la connaissance de mes relations avec madame Beauvisage, aurait pu supposer que cette communication aurait pour moi de l'intérêt; cela n'est pas rigoureusement impossible; mais cela du moins est infiniment peu probable. Donc, provisoirement, et sauf vérification ultérieure, madame Mollot reste pour moi atteinte et convaincue de l'excellente mauvaise action dont il me reste maintenant à profiter. »

Cela dit et partant de cette base, M. de Trailles, tout en déjeûnant et en faisant sa toilette, passa environ deux heures à arranger son plan, ensuite il se rendit rue Montmartre, *hôtel de l'Aube*, ce qui était le préliminaire de ses autres opérations, et demanda à madame Mollot un entretien particulier.

En voyant arriver Maxime, la greffière, comme on dit, fut assez sotte; en sorte que, sur la contenance seule de la dame, il se sentit édifié.

— Madame, lui dit-il avec un air d'extrême gravité, je viens causer avec vous de l'importante communication que vous avez bien voulu me faire parvenir.

— Quelle communication ? dit madame Mollot, qui avait eu le temps d'assez se remettre pour jouer passablement la surprise.

— Je savais d'avance, répondit M. de Trailles, que vous ne me feriez pas l'honneur de m'avouer que vous en fussiez l'auteur, et je ne vous presse pas à ce sujet. J'aime même beaucoup mieux n'avoir à parler qu'au conditionnel, les choses sérieuses et sévères que j'ai à dire devant m'être moins pénibles en ne les adressant à personne directement.

— Mais, monsieur, dit la greffière avec dignité, je ne sais pas de quel droit vous viendriez chez moi me faire des leçons.

— Des leçons, répondit M. de Trailles, je n'ai en aucune façon l'intention de vous en adresser ; mais si quelque danger vous menaçait, vous ou les vôtres, vous ne me sauriez pas, je pense, mauvais gré de vous en aviser.

— Enfin, monsieur, dit madame Mollot d'un ton *grimpé*, je vous écoute.

— J'ai reçu tout à l'heure, reprit Maxime avec une sublime hypocrisie, quelque chose d'extrêmement compromettant pour une personne à laquelle prochainement je dois me trouver lié par le lien de la parenté la plus étroite.

Cet envoi n'a pu m'être fait que dans une intention parfaitement malveillante pour cette personne que je me sens le devoir d'entourer de toüs mes respects. Cette personne peut avoir des torts, je n'en suis pas juge; mais elle est femme et je me tiens pour impérieusement obligé à la protéger contre l'ébruitement que des fautes, à mon avis, d'ailleurs très excusables, pourraient recevoir de l'envie, de l'amitié menteuse, et autres vilaines passions.

— Ce n'est pas, je pense, à moi, monsieur, dit madame Mollot en interrompant avec vivacité, que vous attribuez ces mauvais sentiments.

— Non, madame, il est convenu que ce n'est pas à vous que je parle puisque ce soupçon que j'avais eu d'abord, vous vous en défendez avec une vivacité qui ne peut manquer d'opérer ma conviction. Mais si, au lieu de parler aux autres gens que je puis avoir en vue, j'avais l'honneur de vous parler à vous-même, voilà ce que je vous dirais : Vous avez un mari...

— Oui, monsieur, et je puis le dire, un mari entouré de l'estime et de la considération générales, et qui ne permettra jamais que l'on manque à sa femme.

— Comme je ne permettrai jamais

que l'on manque à ma belle-mère; si donc, par une supposition bien ridicule, je pouvais jamais croire qu'à la suite d'une première démarche pleine de perfidie, des bavardages fussent colportés sur le compte de madame Beauvisage, et qu'ils pussent être attribués, madame, à la femme de M. votre mari, j'irais le trouver et lui demanderais un compte rigoureux de ces paroles mal sonnantes et inconsidérées.

— Il n'y aurait, monsieur, à votre démarche, qu'une petite difficulté, c'est que Mollot est magistrat, et qu'au lieu de prêter le collet au premier spadassin venu, la gravité de sa robe lui ferait un devoir de se mettre sous la protection de la justice.

— Ce que vous dites là, répondit M. de Trailles, poussant l'ironie jusqu'au calembourg, me paraît, à moi-même, extrêmement juste ; mais si les greffiers ne se battent pas, les gendres et les avocats se battent ; ceux surtout qui se destinent à la députation et qui ont besoin de conserver une considération à laquelle un soupçon de lâcheté porterait la plus grave atteinte ; or, madame, si vous voulez bien vous informer de moi, on vous dira que j'ai la main assez malheureuse, j'ai le regret d'avoir tué en duel deux adversaires, et rarement on s'est bien trouvé de se placer au bout de mon épée ou de mon pistolet.

— Est-ce tout, monsieur? demanda

madame la greffière en affectant de n'avoir point été touchée de la menace.

— Au moins tout ce que je pouvais avoir de désagréable à vous communiquer, car il me reste à vous demander si vous avez quelque chose à faire dire ou à faire parvenir à Arcis. Je pars ce soir, et je serai heureux de me charger de vos commissions.

— Grand merci, monsieur, nous partons nous-mêmes sous deux ou trois jours.

— Je ne vous dis donc pas adieu, mais au revoir. Et à la suite de cette phrase, Maxime salua cérémonieusement et sortit.

Et la preuve que par la démarche dont elle venait d'être l'objet, madame Mollot ne s'était pas sentie émue le moins du monde, c'est qu'aussitôt elle écrivit à son mari pour lui recommander de rechef la discrétion la plus *absolue*, en ajoutant qu'à la moindre légèreté de langue, portant sur le billet de M. de Chargebœuf de grands malheurs pouvaient arriver.

De son côté, Maxime, en rentrant chez lui, ordonna à son valet de chambre de disposer une valise, et de commander à la poste, dont son logement était très voisin, des chevaux pour trois heures après-midi. Ensuite, il écrivit à madame Beauvisage le billet suivant :

« Madame,

» Toutes vos démarches sont observées et odieusement envenimées ; entourez-vous des plus grandes précautions et attendez que vos aimables compatriotes aient quitté Paris pour y jouir de la liberté qu'on n'y saurait plus espérer quand toute une colonie champenoise y fait invasion. Je pars à l'instant pour Arcis, sur un mot pressant que je reçois de M. Grévin ; il vous dira sans doute prochainement l'objet de sa préoccupation à laquelle se rattache mon voyage.

Veuillez, madame, en attendant les explications, me croire avec respect votre affectueusement dévoué.

» Comte Maxime DE TRAILLES. »

Cette lettre cachetée, Maxime dit à Suzon, son valet de chambre :

— Tu auras soin que ce billet, aussitôt après mon départ, soit porté à son adresse. Nous sommes aujourd'hui le 18; le 22 on se présentera pour recevoir le montant d'une lettre de change de vingt-cinq mille francs. D'ici là, mon vieux, je t'aurai fait passer les fonds. Si, par impossible, ils étaient en retard, ne t'émeus pas ; ce ne pourrait être qu'un délai de quelques heures. Veille à ce que le cocher promène les chevaux, et à ce que M. Paradis ne fasse pas trop d'insolences. Ah ! j'oubliais ; dans la matinée de demain, tu porteras ces cinquante louis chez M. Félix de Vandenesse ; je les lui dois d'hier soir au club ; tu ne les remettras qu'à lui-même bien entendu, en lui disant que tu me crois parti pour me marier.

La voiture attelée attendait dans la cour. Maxime y monta sans plus rien garder de l'air soucieux que ses gens avaient pu remarquer chez lui depuis quelques jours ; et comme il payait toujours largement les guides, le postillon prit au grand galop la route de Troyes.

CHAPITRE NEUVIÈME

IX

Le taureau par les cornes.

Il pouvait être quatre heures et demie du matin, quand le lendemain M. de Trailles faisait son entrée à Arcis.

Un homme moins préoccupé que lui aurait été frappé du calme et riant aspect de la petite ville encore endormie. L'épanouissement de tous les trésors de la végétation que quelques semaines avant il avait laissé encore maigre et souffreteuse, cette vague senteur de fenaison qui aux premières heures du jour embaume l'atmosphère; les riches oppositions d'ombre et de lumières, dont à la splendeur de la clarté matinale se parent tous les objets, en un mot ce frais sourire du ciel par lequel une belle journée d'été s'annonce à la terre, dans tout autre moment, sans doute, n'eussent pas trouvé le Parisien insensible.

Mais, près de livrer une grandre bataille, il n'avait pas le loisir de donner audience à ces émotions champêtres, et après s'être fait ouvrir la porte du *Mulet* il se mit tout prosaïquement au lit en intimant à madame Poupart la défense d'ébruiter d'aucune manière son arrivée et en recommandant qu'on vînt l'éveiller à dix heures, si avant ce moment il n'avait pas sonné.

A onze heures, Maxime avait déjeûné ; à l'abri des curiosités indiscrètes de madame Mollot, il avait achevé sa toilette et traversait le pont de l'Aube, en se dirigeant vers la maison de Grévin.

Pendant qu'il exécute ce trajet, un mot sur les dispositions vraies du vieillard relativement au projet de mariage dont le lecteur a été fréquemment entretenu.

Quand l'ancien notaire avait accordé son approbation à la recherche de M. de Trailles, c'était sous la condition tacite de la nomination de Beauvisage, laquelle, au moment du consentement donné, ne semblait pas faire question.

Grévin avait considéré que l'élection du compétiteur de Simon Giguet maintenait intacte la vice-royauté départementale de Gondreville ; qu'elle restaurait sa propre influence, peu à peu amoindrie et méconnue ; qu'elle cadrait avec les projets d'avenir qu'il arrangeait pour Séverine; il n'avait donc point eu d'objection sérieuse contre l'homme qui semblait tenir dans sa main tous ces résultats.

La clause de séparation de biens, spontanément offerte par M. de Trailles, avait d'ailleurs paru pourvoir à sa fâcheuse renommée et à ses instincts dissipateurs; et, grâce au crédit que toute l'attitude du prétendant permettait de lui supposer dans les hautes régions gouvernementales, on pouvait entrevoir pour lui une fortune politique arrivant à réparer les mauvais entraînements de son passé.

Mais du jour où l'étoile de Sallenauve

l'avait emporté, tous les inconvénients du choix auquel il avait donné les mains étaient apparus dans un relief immense au grand-père de Cécile, et, n'était l'embarras de se dédire, il eût conseillé une rupture immédiate.

A tout le moins, il avait exigé un ajournement, et, sous prétexte que jusqu'au 15 juillet, époque à laquelle expirait le bail de l'hôtel Beauséant, les Beauvisage ne pouvaient pas penser à faire à Paris un établissement, il avait tenu le mariage en suspens.

L'affaire de la paysanne de Romilly n'avait eu en lui qu'un approbateur très peu déclaré; son esprit droit et exact en

avait tout d'abord saisi les côtés faibles.
C'était donc également contre son avis
que madame Beauvisage, en vue de suivre cette intrigue, avait fait le voyage de
Paris, et s'il n'avait vu sa fille entrant au
moins dans son idée de subordonner expressément les espérances de M. de
Trailles au succès des soins qu'il promettait de continuer à la nomination de
Beauvisage, le prudent vieillard se fût
tout à fait prononcé contre un déplacement qu'il jugeait inutile et que la
chance d'un contact journalier entre
la belle-mère et le gendre laissé en question, pouvait amener à rendre dangereux.

M. de Trailles était trop clairvoyant

pour ne pas s'être aperçu, lors de la visite de congé qu'il avait été faire à l'ex-notaire, d'une nuance très marquée de refroidissement ; les Beauvisage, il avait toujours pensé en avoir bon marché, mais sentant chez Grévin une plus grande force de résistance, il avait bien deviné que là serait le sérieux obstacle, et c'est pour cela, qu'armé de la pièce dont la malveillante étourderie de madame Mollot l'avait mis en possession, nous le voyons sonnant à la porte de la maison habitée par le difficile adversaire qu'il s'agissait de neutraliser.

— Suivant sa coutume, lorsque le temps le permettait, Grévin, après son déjeûner, était assis sur la terrasse de son jardin, à l'ombre d'une touffe de lilas et occupé au passif travail de sa digestion.

Prenant pour l'aborder une forme abrupte et solennelle qui devait tout d'abord le mener au cœur de la question :

— Monsieur, dit Maxime, aussitôt que le vieillard, après l'avoir fait asseoir auprès de lui sur une chaise de jardin, lui eut demandé par quel heureux hasard il était ramené à Arcis, j'ai l'honneur de venir vous demander la main de mademoiselle Cécile Beauvisage votre petite-fille.

Grévin le regarda avec étonnement et répondit :

— Mais il me semblait que, dans votre voyage matrimonial, ce cap se trouvait déjà doublé.

— Quand une question, dit M. de Trailles, est restée dans des termes vagues où elle se trouve en quelque sorte engravée, le mieux est, à ce qu'il me paraît, de la reprendre à neuf et tout entière. L'élan qu'alors on lui imprime peut servir à lui faire franchir les obstacles par lesquels elle est accrochée.

— Je partage assez votre avis, repartit l'ancien notaire, mais d'un autre côté je ne vois pas trop l'utilité de remettre sur le tapis une affaire si l'on n'y apporte pas des arguments nouveaux.

— Ainsi fais-je, reprit Maxime. Jusqu'ici mon dévoûment pour la famille Beauvisage a été auprès d'elle toute ma recommandation. Je ne me suis donc pas beaucoup étonné lors de la dernière visite que j'eus l'honneur de vous faire, en croyant m'apercevoir que la stérilité de ce dévoûment lui avait fait perdre auprès de vous, monsieur, une partie de son mérite.

— Mais vraiment non, repartit Grévin, j'ai parlé d'un ajournement qui me paraissait convenable et s'expliquait par la nécessité de certains arrangements.

— Quoi qu'il en soit, reprit Maxime, je me trouve en mesure de restituer à mes titres, menacés d'être prochainement périmés et prescrits, une façon de jeunesse nouvelle. L'occasion se présentant de donner à la famille dans laquelle j'ai la prétention d'être admis une preuve plus immédiate et plus personnelle de ma sollicitude, j'avais d'autant plus le devoir de venir mettre à vos pieds, avant tous autres, l'hommage de mon zèle, qu'il a, comme vous le verrez dans un instant, tout le caractère d'une très délicate confidence.

— Je vous suis d'avance obligé, dit Grévin, et j'écoute.

— J'oserai vous demander quelle a été votre impression relativement à certains bruits qui auraient attribué, il y a quelques années, à madame Beauvisage une liaison de cœur; liaison donnant à comprendre que, dans le mari qu'elle avait reçu de votre main, ne se rencontrait pas la somme entière des perfections qu'elle pouvait désirer?

— Mais j'ai toujours aimé à me persuader que les malicieux propos d'une petite ville ne méritaient que peu ou point d'attention.

— En règle générale, oui ; mais, dans le cas particulier, la petite ville n'aurait pas eu tout à fait tort.

— Comment ! vous pensez, monsieur ?

Cette forme si peu indignée de doute laissa comprendre à M. de Trailles que le vieillard avait au moins deviné beaucoup de choses, et qu'il avait fermé les yeux.

— Malheureusement, reprit-il, je ne pense pas ; je suis sûr et j'ai sur moi des preuves qui n'admettent pas la réplique.

Maxime tira alors de son portefeuille

le billet de M. Chargebœuf; et, après en avoir donné lecture à Grévin, tout en prenant le soin assez significatif de le replacer dans l'endroit où il l'avait pris :

— Le hasard seul, continua-t-il, ne m'a pas seul rendu possesseur de ce compromettant écrit.

Et il raconta la perfidie de madame Mollot, et la manière dont il s'était assuré qu'elle en était réellement coupable.

Comme Grévin n'avait pu se dispenser de manifester une douloureuse surprise :

— Mon premier soin, reprit M. de Trailles, a été de couper court à l'ébruitement de ce scandale.

Et l'ancien notaire fut encore mis au fait de la démarche comminatoire par laquelle il était à croire que la langue de la greffière serait solidement enchaînée.

— Mais vous comprenez, monsieur, ajouta le chevalier de la vertu de madame Beauvisage, que, pour faire sentinelle auprès du secret dont nous voulons rester maîtres, j'ai besoin que, dans votre famille, ma situation soit nettement et publiquement définie; car ce n'est que dans la déclaration publique du titre auquel j'ose prétendre que peut être puisé mon droit d'intervention.

— Votre raisonnement, répondit Grévin, me paraît au mois très spécieux.

— J'ajouterai, continua Maxime, que la fatalité qui me fait dépositaire d'un égarement si regrettable, semble me désigner d'une façon si impérieuse à entrer définitivement dans votre alliance, car vous ne sauriez prudemment laisser en dehors un homme dont la discrétion ne vous serait pas assurée par une solidarité parfaite et évidente de considération et d'intérêts.

— Jamais de vous, monsieur, je pense, nous ne saurions avoir à redouter.

— Mon Dieu ! je suis homme ; je m'expliquerais difficilement qu'accueilli à une autre époque, je dusse subir un refus au moment précis où le hasard aurait voulu paraître accroître mes chances : la mauvaise humeur, vous le savez, est une fâcheuse conseillère, et je trouverais toujours plus sage qu'on s'empressât de me relier officiellement à la cause dont provisoirement je me suis fait le défenseur officieux.

Grévin témoigna que, sous la doucereuse argumentation de M. de Trailles, il apercevait très bien la gueule du pistolet qu'on lui mettait sur la gorge, car, cessant de se défendre au fond; il aborda la ressource des fins de non-recevoir; il fit remarquer qu'après tout, ce mariage ne dépendait pas absolument de lui, et il eut l'air de demander conseil relativement à la manière dont la question devait être posée à madame Beauvisage, qui, en définitive, y avait voix prépondérante.

— Il est évident, répondit Maxime, que, pour l'avenir de mes relations avec ma belle-mère, elle ne doit jamais se douter de la connaissance malheureusement trop complète que j'aurai eue de son fâcheux entraînement; mais, sans avoir l'air d'être renseigné aussi directement que vous l'avez été par moi, vous pouvez, il me semble, monsieur, avoir reçu de Paris, quelques indications moins précises, parler de certains bruits vagues déjà répandus ici dans le public. Je dois même vous avouer que le lit est déjà fait dans ce sens, car, en partant, j'ai écrit à madame Beauvisage une lettre dont les termes très nébuleux ont dû cependant lui laisser comprendre que son secret n'était plus entier, et je me suis donné l'air de me rendre à Arcis, mandé par vous. Madame Beauvisage de retour ici, toutes les raisons que j'ai eu l'honneur de faire valoir en faveur d'une solution immédiate peuvent se retrouver dans votre bouche, et elles y prendront une autorité que la déférence dont vous êtes entourée par madame votre fille fait facilement présumer.

— Vous me paraissez, monsieur, dit Grévin avec une pointe imperceptible d'ironie, avoir très profondément réfléchi à votre position et à la nôtre. Je vais donc écrire à Séverine, et à son arrivée je lui ferai comprendre que ses légèretés ont rendu nécessaire ce mariage, sur lequel je crois savoir qu'elle n'avait pas encore un parti absolument pris.

— Vous sentez, monsieur, repartit Maxime, qu'il ne pourrait me convenir de paraître exercer une violence morale dont la pensée n'est pas même venue à mon esprit; j'ose donc espérer que c'est au compte de votre prudence que sera mise la nécessité dont vous arguerez.

— Parfaitement, monsieur, dit Grévin, vous serez présenté à ma fille comme un auxiliaire dont j'ai invoqué le concours, et non comme le détenteur d'un secret à haute pression.

— Je n'attendais pas moins de votre prudence et de votre loyauté, repartit Maxime; maintenant, ajouta-t-il d'un ton léger, j'ai à vous entretenir d'un accessoire de médiocre importance; mais qui veut la fin veut les moyens.

— De quoi s'agit-il encore? demanda

l'ancien notaire, et ici, *encore*, selon la définition bourgeoise, était bien un mot de reproche.

Quelqu'aguerri que fût Maxime à toute espèce de rencontre et quelle que fût sa confiance dans le levier dont il disposait, il fit comme les gens qui ont à s'accoucher d'un aveu difficile, et prit la chose de très loin.

— A l'époque, dit-il, où le ministère jeta sur moi les yeux pour venir ici essayer de faire triompher son influence, je commis une lourde faute. Il allait sans dire que cette mission électorale serait pour moi l'occasion d'assez fortes dépenses, et croyant mieux ménager mon importance, lorsque Rastignac me parla de me faire allouer un crédit sur la caisse des fonds secrets, quoique n'étant pas dans le moment très en argent, je déclinai ce subside puisé en si mauvais lieux et lui dis que je préférais prendre dans sa bourse les avances nécessaires : je pense que cette délicatesse ne peut qu'avoir votre approbation.

— Hum! fit Grévin, vieux navigateur qui sentait de loin venir les orages.

— Rastignac, reprit Maxime, soit que réellement il ne pût pas dans le moment disposer de la somme que j'avais estimée nécessaire, soit qu'il n'eût pas une confiance entière dans ma solvabilité, aima mieux me faire prêter cette somme par le banquier du Tillet qui, la chose dans les mœurs commerciales allant d'elle-même, me fit souscrire une lettre de change.

Évidemment un certain trouble venait d'être apporté à la digestion de Grévin; sa figure s'allongea, un accès de toux le prit; enfin tout, dans son habitude extérieure, indiqua le malaise le plus prononcé.

— Cette somme, reprit négligemment Maxime, était d'une médiocre importance vingt-cinq mille francs.

— Vingt-cinq mille francs! dit l'ancien notaire, mais c'est quelque chose.

— Si l'élection d'Arcis eût bien tourné, continua M. de Trailles, Rastignac n'aurait pas été embarrassé de me rembourser de cette avance sur le chapitre des dépenses électorales ; mais il a pris de l'humeur en voyant la mauvaise campagne que nous avions faite, et laissera certainement la somme à mon compte ; faut-il, pour cette bagatelle, courir la chance de se brouiller avec lui ? Ce n'est pas mon avis, et je suis décidé à acquitter la lettre de change que j'ai souscrite.

— Il me semble pourtant que, si la dépense a été faite au profit du gouvernement...

— Mon Dieu ! il est des occasions où

il faut savoir s'exécuter ; j'ai souvent remarqué que les ministres se buttent à ne pas solder certaines dépenses, et qu'ils vous savent un gré infini de ne pas les presser à ce sujet. Mon parti est donc bien pris de ne point soulever ce débat ; seulement je reste dans quelque préoccupation de savoir comment je ferai honneur à ce titre, dont la très prochaine échéance vient en ce moment me prendre au dépourvu.

— C'est une raison de plus pour que vous ne procédiez pas avec ce désintéressement que je trouve déplacé.

— Mais non, mon cher *beau-père*, répondit Maxime, je conserve ainsi mon crédit et sème pour récolter plus tard ;

maintenant, pour parer à mon embarras momentané, voilà le moyen dont je me suis avisé.

Grévin ne montra aucun empressement de connaître ce moyen.

— Mon mariage, reprit M. de Trailles, étant arrêté en principe, et la dot devant prochainement m'être comptée, je ne puis tarder d'être en mesure...

— Cela dépend. Marié, à votre demande, sous le régime de la séparation de biens, vous ne disposerez pas, sans l'aveu de votre femme, d'aucune portion de l'apport conjugal.

— Il faudrait que j'eusse, du caractere

de mademoiselle Cécile, une bien triste opinion pour ne pas espérer qu'elle acquittât une dette contractée précisément au service des intérêts paternels.

— Cela la regarde, dit Grévin ; elle sera sa maîtresse, et fera comme elle l'entendra.

— Je compte tout à fait, dit Maxime, sur son bienveillant concours. Seulement, l'échéance de la lettre de change est très prochaine, et quelque diligence que nous pussions mettre dans la célébration du mariage, la dette serait antérieurement exigible. C'est ce qui m'avait fait penser qu'en avancement sur la dot, vous pourriez, vous, mon cher beau-père...

— Moi, fit vivement Grévin, j'ai eu, toujours pour principe de ne m'immiscer d'aucune façon dans le maniement de la fortune de mes enfants.

— Pourtant, avoir reconnu le mariage nécessaire et vouloir le faire manquer, cela n'est pas logique.

— Qui, moi? que j'aille payer les dettes du gouvernement; vous savez le proverbe, mon cher monsieur : donner à plus riche que soi, le diable s'en rit.

— Soit, dit Maxime, d'un air mélancolique, vous aimez mieux que j'échoue au port, et la tranquillité de votre famille au prix d'une misérable avance de vingt-cinq mille francs vous paraît trop chèrement achetée, c'est à merveille; madame Mollot aura ses coudées franches.

— Mais vous êtes venu me demander mon consentement à ce mariage; je vous l'accorde; que puis-je faire de plus?

— Ainsi, monsieur, dit M. de Trailles, en se levant, au prix de tout ce qui peut en arriver, vous êtes bien décidé à me refuser le service que j'étais venu vous demander, au nom de la considération de votre fille?

— Pourquoi aussi cette sotte, à quarante ans passés, s'avise-t-elle d'avoir des allures ?

Cette exclamation équivalait au fameux : *Qu'allait-il faire dans cette galère !*

— Une dernière fois, dit Maxime, veuillez considérer les déplorables extrémités que peut entraîner votre refus.

— Non, dit le vieillard, je n'entends pas payer les sottises de Séverine et vos désintéressements mal entendus.

M. de Trailles ouvrit son portefeuille, y prit le billet de M. de Chargebœuf, le lut encore une fois, et ajouta :

— Avec ce papier on peut faire rougir vos cheveux blancs et livrer en pâture à la malignité d'une petite ville votre vie jusqu'ici si digne et si honorée ; mais rassurez-vous, monsieur, ce n'est pas moi qui me chargerai d'un scandale dont le soin sera plus utilement laissé à madame Mollot. Je suis incapable de vouloir exploiter une situation, quelqu'autorisé que j'y fusse par certains procédés. Prenez ce billet, je vous le remets, et veuillez, je vous prie, vous rappeler qu'en le déposant en vos mains je n'ai fait aucune espèce de conditions.

Pour qui n'y eût pas bien regardé, Maxime avait l'air de se désarmer et on eût pu croire que, comme *le lion amoureux* venant de se couper lui-même les griffes, ils'exposait à être plus tard outrageusement éconduit.

Mais le soin qu'il avait eu, dans son allocution dernière, de démuseler madame Mollot, laissait à la situation presque tous ses périls ; et ce qu'il y avait au fond de vrai dans sa prétendue clémence, c'est qu'elle ouvrait à Grévin une issue honnête, en lui permettant d'avoir l'air de céder à la contagion d'un procédé généreux, au lieu de paraître subir une brutale extorsion.

La position fut ainsi comprise par l'ancien notaire ; il prit le billet, le serra dans la poche de sa redingote, et avec un déchirement intérieur qu'il dissimula du mieux qu'il lui fut possible

— Attendez-moi ici un moment, dit-il à M. de Trailles.

Quelques minutes plus tard, il revenait auprès de son gendre et lui remettait un paquet de billets de Banque.

— Au moins, lui dit-il, j'ai le ferme espoir que vous rendrez ma petite-fille heureuse; je vais écrire à Séverine, et d'une encre telle que sans doute elle ne tardera pas à réintégrer le domicile conjugal.

— Monsieur, dit Maxime en tourmentant une phrase de reconnaissance, l'exemple du modèle des pères ne sera pas inutile à m'apprendre à être le modèle des maris.

Et un quart d'heure après, il était sur la route de Troyes, s'étant d'avance informé d'un banquier chez lequel il pût prendre une traite sur Paris.

FIN DU TROISIÈME VOLUME.

Fontainebleau. — Imp. de E. Jacqnin.

En vente

LA BELLE GABRIELLE
par AUGUSTE MAQUET, collaborateur d'ALEXANDRE DUMAS, auteur du COMTE DE LAVERNIE, etc., etc.

LES CATACOMBES DE PARIS
par ÉLIE BERTHET.

LE CHATEAU DE LA RENARDIÈRE
par MARIE AYCARD.

LE DÉPUTÉ D'ARCIS
par H. DE BALZAC.

LA DERNIÈRE FAVORITE
par madame la comtesse DASH.

ROBERT LE RESSUSCITÉ
par MOLÉ-GENTILHOMME, auteur de ROQUEVERT L'ARQUEBUSIER, etc., etc.

LES TONNES D'OR
par le Vicomte PONSON DU TERRAIL, auteur de la TOUR DES GERFAUTS, etc., etc.

Paris. — Imprimerie de G. GRATIOT, rue Mazarine, 30.

www.ingramcontent.com/pod-product-compliance
Lightning Source LLC
Chambersburg PA
CBHW071246160426
43196CB00009B/1181